amazon

世界最先端の戦略がわかる

元マイクロソフト社長
成毛眞
Makoto Naruke

ダイヤモンド社

はじめに

私たちは、もはやだれもアマゾンと無関係に暮らすことはできない。こう言ったら、言い過ぎだと思われるだろうか。しかし、「自分はアマゾンでは買い物をしない」という人も関係はない。サービスを直接利用するしないにかかわらず、社会のあちこちにアマゾンは確実に浸透しているからだ。

アマゾンが秘密主義なのは有名な話である。誰もにとって、これほど身近になりながら、アマゾンはその全貌をつかませない。だからこそ、私たちはこの「帝国」アマゾンを知る必要がある。

アマゾンのビジネスは、経営学の革命だと断言できる。10年後には、必ず経営学の教科書に載るような、エポックメイキングな存在である。「ネットとリアルの境界」をなくした最初の存在として、未来に残り続けていくだろう。

アマゾンには、新しいビジネスが詰まっている。ビジネスモデル、キャッシュフロー、ＡＩ技術……。アマゾンを知ることは、アマゾンの経営がわかることだけではない。

この本では、アマゾンが競合するあらゆる企業を例に出している。マイクロソフト、アップルやグーグルなどのＩＴ企業はもちろん、トヨタ自動車やＮＴＴドコモ、楽天、三越伊勢丹や三菱ＵＦＪフィナンシャル・グループなど、ありとあらゆる業界のトップ企業だ。つまり、アマゾン１社を押さえることで、主だった業界のことがわかり、そこで今何が起こっているのか、現代のビジネスマンが知っておくべき最新のビジネス感覚も身に着けることができるのだ。

ここで、ざっとアマゾンのすごさを見てみよう。

アマゾンが営業を開始したのは１９９５年だ。以来、爆発的な成長をつづけている。

まず、アマゾンの株価は、上場した時よりも１２５２倍に上昇している。

2015年6月から3年間の株価の推移を見てみると、アップル、グーグル、フェイスブックはそれぞれ2倍程度上げたのだが、アマゾンだけは4倍も伸びた。

その株価を支えているのは「キャッシュフロー経営」である。キャッシュフローとは、企業活動を通じて自由に使える現金のことだ。普通、企業は、この中から設備投資をし、借金を返し、利益を計上する。しかし、長期間、アマゾンは利益を計上せず、ほとんどを設備投資にばかり回した。

極論すると、アマゾンは毎年数千億円も費やして、超大型の物流倉庫や小売店を次々と建設しつづけたことになる。

また、アマゾンの資金で驚異的なのは、小売業界において突出したキャッシュ・コンバージョン・サイクル（CCC）だ。このCCCが「打ち出の小槌」のようにお金を出す。

CCCとは顧客から代金を回収するまでの期間である。なんと2017年12月のアマゾンのCCCはマイナス28・5日だった。つまり、物を売る約30日前に手元に現金が入っているということだ。同時期のウォルマートもコストコもCCCはプラスである。

本編で詳しく説明するが、**アマゾンは売上が伸びれば伸びるほど、手元に入る資金が極大化するキャッシュマシーンなのだ。**逆にいうとアマゾンにとって成長することこそが生存のカギとなっているともいえる。それは、アマゾンと競合する企業にとっては悪夢である。自社のシェアと成長機会の双方を同時に失うことを意味するからだ。

しかし、これらの強みもアマゾンの一部分を語っているだけだ。アマゾンの本当の強さは企業向けサービスにある。

アマゾン・ウェブ・サービス（AWS）とフルフィルメント・バイ・アマゾン（FBA）がその両輪だ。**IT業界ではアマゾンは世界最大の、企業向けクラウドサービス提供会社として認識されている。**

AWSの出現により、企業はこれまで大金をかけて開発していたサーバーを持つ必要がなくなった。こうやって、アマゾンはクラウド業界に革命を起こしたのだ。

また、アマゾン側にとってもクラウド事業は、得意なスケールメリットを働かせやすい。たとえば、日本企業は朝8時から夜5時までコンピュータを利用するが、深夜はほとんど使わない。同規模のアメリカ企業がその時間帯に同じコンピュータを利用することができれば、それぞれの利用コストは半分になるはずだ。これを地球上の無数の企業で行えば、さらに安くなるというわけだ。

このAWSの営業利益は43億ドルである。これは、アマゾンのどの事業よりも高い。アマゾンは何で稼ぐ会社かと問われれば、クラウド事業と答えるのが妥当だろう。この売上が、また他の事業の設備投資に回されるのだ。

AWSの事実上のライバルはマイクロソフトのアジュールだけであろう。奇しくもこの2社はシアトルをベースにした企業であり、いまやシアトルは想像を絶する活況を呈している。

フルフィルメント・バイ・アマゾン（FBA）も将来的に多くの企業にとって必須のサービスとなり、ライバルにとっては悪夢となるサービスだ。これも本編で詳しく説明するが、このサービスが、アマゾンのケタ外れの品揃えと安さを作っている。これは、アマゾンに出品する中小企業に「インフラ」を提供する。中小企業ではとても用意できない倉庫、在庫管理、決済、配送、カスタマーサービスまでをアマゾンが代わってしてくれるのだ。

つまり、ＦＢＡを利用する出品業者は、自社製品をアマゾンの倉庫に送れば、もうほぼ何もしなくてもいい。在庫管理をしてもらいながら、決済、配送まで任せることができる。さらにはアマゾンで売らない商品すらも、アマゾンの物流網で送れるようにすらなっている。

ある個人が新しい商品を企画したとする。その設計や製造を中国企業に任せ、販売と流通はアマゾンに任せるというような経営も可能だ。たった一人で何百億円というビジネスを起こすことすらできるようになる。こういうことができるのがＦＢＡなのだ。

このＦＢＡという便利すぎる仕組みがあるおかげで、アマゾンの品ぞろえはケタ違いになる。いまでは、マーケットプレイスで扱われている商品数は全世界で2億品目を超える。あらゆるジャンルの業者が、あらゆる商品を、アマゾンを通じて販売しているのだ。

もちろん物流もすごい。ＦＢＡなどで揃えた大量の商品を消費者に届けるのが、アマゾンの最強の物流システムである。一カ所の倉庫から毎日160万個もの商品を出荷できる。

アマゾンは、自前の空輸、海運手段を用意し、蓄積した買い物データをもとに、最適な商品のおすすめをする。**「今日買って、明日届く」物流は、アマゾンにとっての最大のサービスであり、他社が持てない武器だ。**

アマゾンの特異性はその規模や構造だけではない。ネット店舗で万引きはできない。アマゾンにとって万引きロス率はゼロだ。日本だけでもざっと年間300億円の利益が、リアルの店舗を持たないということだけで生まれていることになる。

また、アマゾンはオンライン通販だけではなく、リアルにも着々と進出している。2017年には高級スーパーのホールフーズ・マーケットを買収した。これによりアメリカを中心にカナダ、イギリスの一等地に約450カ所もの店舗を所有することになった。さらには、「アマゾンゴー」という無人店舗もはじまった。**いずれも単なる小売業にとどまらず、ネットとリアルの境界を超えるアマゾンのサービス拠点となる。**

ざっと見ただけでもこれくらいある。しかも、これらはアマゾンのすごさの一端にすぎない。日々拡大するこの企業を、創業者のジェフ・ベゾス自身も把握しきれていないだろう。

アマゾンの創業者、ジェフ・ベゾスは、今年、フォーブズの世界長者番付で初めて首位に立った。資産総額は1120億ドル（1ドル＝100円換算として11兆2000億円）。アマゾンの株価が過去1年で約59％上昇したため、資産は1年間で392億ドル増加した。これは、フォーブズの番付史上、最大だそうだ。

本書を読んでいる方の中には、プライム会員でどっぷりとアマゾン浸けになっている人もいれば、気づかぬうちにAWSのお世話になっている人もいるだろう。本書では、アマゾンがどのようにして他社を圧倒する企業となったのか、なぜ利益にならないような新サービスを次々と提供するのか、また、アマゾンの描く未来構想も含めて、この巨大企業の全貌を見ていく。

数年以内に、アマゾンの商品はドローンで配達されることだろう。ドローンの基地を空に作ることを計画し、特許まで出願している。配達の際、人の姿はなく、ドローンがアマゾンの箱を目の前で降ろして、再び飛び立つ光景が目に浮かぶ。

アマゾンは、顧客の望みを叶えるために、テクノロジーでインフラを整えてきた。いまや、AI、自動運転、顔認証や翻訳システムにまで投資している。**アマゾンの投資先を知れば、この先の世界がわかるといってもいい。**

繰り返すが、アマゾンは「帝国」を築きつつある。そして、アマゾンの今を知ることは、ビジネスの最先端を知ることであり、未来の社会を知ることと同義なのだ。

Contents

amazon
prologue

アマゾンがなかったら生活できないかも

amazon

chapter

#01

「品揃えが大量で、安い」を実現する仕組みとは

amazon

chapter

#02

キャッシュがあるから失敗できる

amazon

chapter

#03

アマゾンで一番利益をあげているAWS

amazon

chapter

#04

アマゾンの「プライム会員」とは何なのか

NARUKE'S EYE アマゾンをこう見る ・04・

「

amazon chapter #05

アマゾンからM&Aを知る

NARUKE'S EYE アマゾンをこう見る ・05・

」

amazon chapter #06

巨大な倉庫と配送力で物流を制す

amazon

chapter

#07

プラットフォームの主になるには

amazon

chapter

#08

アマゾンを底ざさえするのがテクノロジー

amazon

chapter

#09

アマゾンという組織

amazon

prologue

アマゾンがなかったら生活できないかも

アマゾンがなかったら生活できないかも

10年前ならば悪い冗談に聞こえたかもしれないが、2018年のいま、「アマゾンがなかったら生活できないかも」というのは現実になりつつある。近所のコンビニがなくなっても、テレビが丸一日休止してもさほど困らないが、アマゾンが使えないと日常生活に支障が出る人が続出するだろう。

「地球上最も豊富な品揃え」という通販で買い物ができなくなるだけでない。買ったものを翌日受け取れなくなるし、プライム会員なら、映画や音楽を無料でどこでも楽しめなくなる。しかし、それもアマゾンのほんの一面でしかない。**企業への影響ははるかに大きい。**アマゾン以外の第三者がサイト上に商品を出品できる「マーケットプレイス」は、全世界で約200万社の企業が利用している。マーケットプレイスは、出荷・配達まで請け負うサービスまでも提供している。**多くの利用企業はアマゾ**

ンなしではもはやビジネスが成り立たないだろう。

それどころではない。アマゾンが運営しているAWS（アマゾンウェブサービス）がある。これは、企業向けのクラウドサービスで、もともと自社のネット通販のために構築した巨大なサーバーシステムの空きを使って始めた、いわば副産物的な事業だったが、現在では世界の名だたる大手企業や米国の政府機関も利用し、信じられない額を稼ぎ出している。アマゾンはマイクロソフトやグーグルをも凌駕する世界最大のクラウドサービス会社でもあるのだ。

AWSが停止すると、多くの大企業の情報処理がストップする。下手をすると金融機関の決済がとまり、世界の経済全体がクラッシュする可能性がある。

知らない人もいるかもしれないが、個人も企業も、いや人類がアマゾンなしでは生活できない事態が密かに到来していたのだ。

創業者のジェフ・ベゾス自身も、もうアマゾンをとめられない

我々の生活がどっぷりとアマゾン漬けになっていることがおわかりになっただろうか。考えてみれば、恐ろしい状況である。個人も企業も社会もアマゾンへの依存を強

めているいま、アマゾンが商品の値上げやサービスの停止をしたら、買い物難民になる人や倒産する企業も出てくるだろう。こうした状況を危惧し、アマゾンがあらゆる産業を飲み込むことに警鐘を鳴らす声も少なくない。

アマゾンがネット通販の雄であることには異論がないだろう。アメリカのネット通販市場ではアマゾンのシェアは4割を超え、その取扱い高は20兆円に達しようとしている。まさしくネット界の巨人だ。

「独占禁止法に触れているのではないか」と思う人もいるかもしれない。しかし、ネット通販自体が小売業全体にしめる割合は1割程度しかない。つまり、アマゾンを小売り全体で見た場合の全米シェアは4％程度なのである。だから、アマゾンは寡占とは言えず、それを理由に法的に排除することは難しい。

排除する理由も特にない。アマゾンが掲げるのは、「地球上で最もお客様を大切にする企業」である。常に最安値で、迅速に顧客に商品を供給しようとしている。安値で高いシェアを握ったからといって、その後に価格をつりあげるようなことをしているわけではない。少なくとも消費者は価格に不満を持つことはない。

最も競争が激しいアメリカの小売業界では、アマゾンの登場によってリアル店舗が苦境に立たされているのは事実だ。**だが、法的にアマゾンが規制される可能性はいまのところ皆無といっていい。**

アマゾンが秘密主義なのはなぜなのか

アマゾンは秘密主義だ。現地メディアの中には、アマゾンをスターリン時代のソ連のようだと揶揄する声すらある。

アップルのスティーブ・ジョブズやマイクロソフトのビル・ゲイツに比べて、アマゾン創業者のジェフ・ベゾスの印象は薄い。

「テキサス州ヒューストン育ち。プリンストン大学を卒業し、金融業界を経て、インターネットビジネスの将来性に賭けて起業」というのが公開されている経歴だ。1964年1月12日生まれで、子どもが4人いる。中肉中背のスキンヘッド。どの写真を見ても目だけは笑っていないという印象がある。保有資産は1120億ドル（2018年時点）。引っ込み思案、人嫌いなどとも言われ、最近ではほとんどメディアには登場しない。家族との時間を大切にするという理由らしいのだが、本当のところは不明だ。

だが、以前はインタビューによく答えていた。決してメディアが嫌いというわけではないのだろう。YouTube上では独特の甲高い声で笑うベゾスを見ることができる。この笑い方も、一部では気さくな経営者に見える演技だという声もあり、ベゾスの実像は見えにくい。ベゾス自身の情報はこのように公開されているのに、謎めき、だからこそ恐れられてもいる。

もちろん、企業経営者が人格すべてをさらけ出す必要もないし、有能な経営者の多くは外向きの人格を備えている。しかし、ベゾスを謎めかせているのはベゾスだけでなく、アマゾンという企業そのものが秘密主義というのが大きな理由だろう。

たとえば、稼ぎ頭であるさきほどのＡＷＳの事業規模すら長らく非公開だった。**そのため、ネット通販会社だと思われていたアマゾンが、じつはクラウドサービスで稼いでいることが知られるようになったのもここ数年の話だ。**

また、アマゾンは、自社の新製品について詳細なリリースは出さない。調査会社や証券会社はアマゾンの事業規模を推測するしかない。たとえば大規模な宣伝とともに登場したＡＩスピーカー、アマゾンエコーの販売台数ですらわかっていない。５００万台とも１０００万台とも言われており、各社の記事もまちまちだ。その他にも、今後の新商品や経営戦略についてさまざまな憶測が飛び交う。これに対しても、アマゾンは一切コメントを出さない。これは、ほかの大手企業ならばありえない話だ。

多くの会社は、自社にとって不利な話は沈黙し、有利な話ならばこちらが頼んでもいないのに発表する。トヨタ自動車のハイブリッドカーの新車シェア、アップルのｉＰｈｏｎｅの販売数などは、もちろんプレスリリースとして報道各社に配布されてくる。

しかしアマゾンは自社に有利な情報ですら沈黙を続けるのだ。

その理由も推測するしかないが、顧客の利益を掲げるアマゾンにしてみれば、そもそも報道機関などの第三者と接触するのが、時間の無駄であると考えているのかもしれない。簡単に言えば、多くの事業を手がけすぎて、本業に集中したいあまり関わるのが「面倒くさい」のだろう。

「アマゾンを理解することは、未来の経営学を知ることと同じ」

これまでも多くの事業を手がける巨大企業は存在してきた。代表的な企業としては、米国ならばゼネラル・エレクトリック、日本ならば日立製作所などだ。たとえば、日立製作所はもともとはモーターの製造から始まったが、現在はヘアドライヤーから原子力発電所まで同じブランドで事業を展開している。派生した事業が、独立してグループを形成しているのだ。しかし、**アマゾンが特殊なのは、各事業が独立しているところは同じだが、それが普通の複合企業よりもはるかな相乗効果を生み出し、驚異的なスピードですべてが成長を続けていることだ。**

こういったアマゾンの特徴は、消費者はもちろんだが、アマゾンに関わる事業者にも利点がある。

マーケットプレイスは、簡単にいうと楽天市場のような、アマゾンのサイトに出品できる仕組みだが（少し違うのだが、それは後述する）、それを多くの外部事業者が利用しやすくすることで、消費者はより安いものを簡単に手に入れることができる。マーケットプレイスの商品は、アマゾンが用意した物流システムを使うことが多いため、注文が増えれば増えるほど送る荷物をまとめることができ、物流費は下がる。マーケットプレイスに参加する企業の中には、事業規模を拡大できたことで、アマゾンの提供する情報システムであるＡＷＳを利用しはじめる企業も出てくる。さらに仕入れのための資金が必要になり、これまたアマゾンが行っている融資サービスを使う企業もあるかもしれない。企業がアマゾンを一度利用し始めると、便利すぎて他のサービスも横展開で利用する可能性は大きい。

事業ひとつひとつの収益も大きいが、単独の収支だけで事業を展開しないところもアマゾンのすごみだ。

たとえば、「プライム会員」には無料配送サービスが提供される。プライム会員が買い物するたびに、アマゾンは運送会社に配送料を支払うことになる。場合によっては配送コストが会費収入を上回り、赤字になる可能性もある。

しかし、一個の配送は赤字でも、プライム会員はリピーターになり、まとめて発注することが増えるため、アマゾン全体で見ればプラスなのだ。ちなみに、プライム会員ではない一般ユーザーの年平均消費額は７００ドル。これも決して小さくない数字であるが、プライム会員はその倍近い１３００ドルの購買をしているという★[1]。

もちろん、単独の事業はそれぞれ個別に膨張を続ける。

クラウドサービスのＡＷＳは、ＩＴ専業のマイクロソフトを抜き、ぶっちぎりのトップで世界シェアを独占している。アマゾンのＡＷＳの責任者は、小売事業を補完する事業などではなく、いずれ小売りの売上高を抜くであろうと豪語している。

アマゾンの大きな特徴は、新しい事業を立ち上げるときに、赤字覚悟で投資をいとわないことだ。これは、明確なアマゾン全社での戦略である。

しかし、ベゾス自身もひとつひとつの事業がどこまで拡大するかは、もはやつかみきれていないのではないか。

ベゾスは自社をロジスティクス企業と語る。

ロジスティクスとは日本語では兵站《へいたん》である。兵站とは、戦場で軍の活動を維持するために必要な軍需品や兵のことであり、これらを前線に送るためのルートを確保すること、つまり物流網を持つことだ。兵站を確保した者は戦争に勝つ。歴史上、この兵站を重視したのがローマ帝国だ。古代のローマ軍は「ローマは兵站で勝つ」といわれたほどだ。すべての道はローマに通じると豪語したほど、現代でも通用するほどの軍用道路を整備した。

アマゾンの場合、最重視するのが顧客の利益だ。その実現のためにあらゆる投資をして兵站として活用する。自前のトレーラーを持つなどの物流網の整備、クラウドサービスの開発と提供、送料無料、プライム会員、通販サイトで蓄積した買い物データ……。アマゾンの圧倒的なサービス力は、顧客のための最強の兵站なのだ。しかも安価だ。ベゾスが自社をロジスティクス企業と呼ぶのはこうしたことからだろう。

国家の枠を超えた超国家的存在になり、いまだに膨張を続けるアマゾンは21世紀のローマ帝国といえるかもしれない。ネット通販もクラウドサービスもAIスピーカーも、すべてのITという道はアマゾンに通じているのだ。そしてベゾス自身、どこまで「国土」が広がるのか、彼自身ももうロードマップを描けてないかもしれない。

創業から20年あまりでアマゾンはどのようにしてこのような「帝国」を築いたのか、そしてどこに向かうのか。

これを知ることは、現代人にとって非常に重要なことだ。アマゾンというひとつの組織を知ることは、「ECサイトでの小売業界を知る」といった小さなことではない。現代の先端のビジネスを知ることだ。

現代を生きるビジネスマンにとって、アマゾンほど興味深い企業はないだろう。アマゾンを研究することは、10年後に書かれる経営学の教科書を学ぶことと同義である。

★［1］ 米市場調査会社CIRP調べ

地球全部の経済活動に影響しているアマゾン

オンライン辞書ウィクショナリーの「アマゾン」の項目には、ギリシア神話に登場するアマゾン族、すなわち「背の高い、強く、運動的な女性」が名詞として掲載されている。

一方、動詞としては「amazoning」「amazoned」が取り上げられている。これはアマゾン族には関係ない。日本語にするならば、「amazoning」は「アマゾンしている」であり、「amazoned」は「アマゾンされた」である。ジェフ・ベゾスのアマゾンから派生してできた俗語だ。その意は「他を圧倒している」あるいは、「絶滅させられた」だ。

「アマゾンエフェクト」という言葉を聞いたことがあるだろうか。

ここ最近、『日本経済新聞』や経済専門誌などでさみだれ的に聞かれる言葉だ。一般名詞としてビジネスマンの中ではすでに認知されるようになりつつある。

一言でいうと、アマゾンエフェクトとは、地球規模での経済秩序の破壊および再編である。

「amazoning」や「amazoned」など、アマゾンによって消滅させられる可能性のある産業や企業が多く現れることで、産業構造が変わるということだ。

アマゾンエフェクトとは、説明しづらい言葉である。たとえばアマゾンは、個別産業だけではなく、産業そのもののあり方も変える可能性がある。後述するが、コンピューター業界は、パソコンやサーバーを売る時代から、サービス（クラウド）を売る時代に変化している。クラウドへの変化を起こしたのはアマゾンだ。

かつて、パソコンなどのハード面からサーバーを売るのが中心になったときに、コンピューター業界は産業構造そのものが変わった。それと同じことが、クラウドへの移行のときも起こった。こういったことを、アマゾンは各業界で起こしているのだ。**アマゾンエフェクトとは、個別の企業の消滅、産業そのものの消滅、またはまったく新しい産業の勃興だといえる。**

たとえば、物流網はまったく新しい形に変わる可能性がある。これまでの物流は、小売業や製造業の企業からすると外注するものだったのが、アマゾンが自分で倉庫を構えることで、他の企業も倉庫機能を自前化し始めた。さらに配達まで自社でやるとなると、物流という定義が変わってしまって、結果的に他の会社も追従することになるかもしれない。

これのいい例が日本では楽天で、倉庫を増設したりしている。他の企業もしかりだ。小売業だけではなく、メーカーも含めて、産業構造そのものを変えつつある。

それを全部ひっくるめて、アマゾンエフェクトと呼んでいる。それほどアマゾンの出現というのは、地球全体の経済活動に影響している。

「ネットの可能性を見誤った会社が倒産している」

ネットの可能性を見誤った企業が、相次いで倒産している。アマゾンが象徴するのは、「未来への投資を他人まかせにすることが、自社を大きな存亡の危機に立たせること」だ。倒産した企業の多くは、時代が変わったことに気づかなかった。

アマゾンと事業領域が丸かぶりだった、かつて全米2位の規模だった書籍チェーンのボーダーズ、同じく家電量販店2位だったサーキット・シティーは、いまその姿を消した。最近では、玩具業界の巨人と言われたトイザらスが2017年9月に破綻した。負債総額は約52億ドルと報道されている。

各社の破綻の原因はさまざまだが、それぞれの顧客がアマゾンへ流出してしまったことが共通項のひとつであるのは間違いない。

じつは、米国のトイザらスは2000年にアマゾンと10年間のネット専売契約を結んでいる。アマゾンはトイザらスが提供する玩具のみを取り扱うと約束したのだ。当時、トイザらスの公式ページをクリックするとアマゾンの玩具コーナーにつながっていた。

しかしその数年後、アマゾンはトイザらスが供給する商品数が少ないことを理由に他の業者を取り込んだのだ。怒ったトイザらスは契約を破棄、２００６年に自社独自に通販サイトを立ち上げたのだが、時すでに遅し。もはやトイザらスにアマゾンに対抗する力は残っていなかったのだ。書籍販売のボーダーズもほぼ同様の経緯をたどっている。

とはいえ、この事例はアマゾンが意図的に競争相手を潰したというよりも、トイザらスもボーダーズも、ネットの可能性を見誤ったことにある。しかも、その結果はわずか数年後に判明するという苛烈なものだった。

日本の金融機関などは他山の石とするべきであろう。たとえば、コンビニでの支払いなどの小口決済に現金を使っているのは、もはや日本だけかもしれない。日本も、いつかはかならず他国のようにマネーは電子化する。すでに中国の都市部では、アリペイなどの電子マネーの普及率は98%などと言われている。現金はほとんど使っていない。彼らにとってのアマゾンは中国からやってくるかもしれない。

なんと、株式市場には「Death by Amazon」★〔2〕というものがある。直訳すると

空売りとは

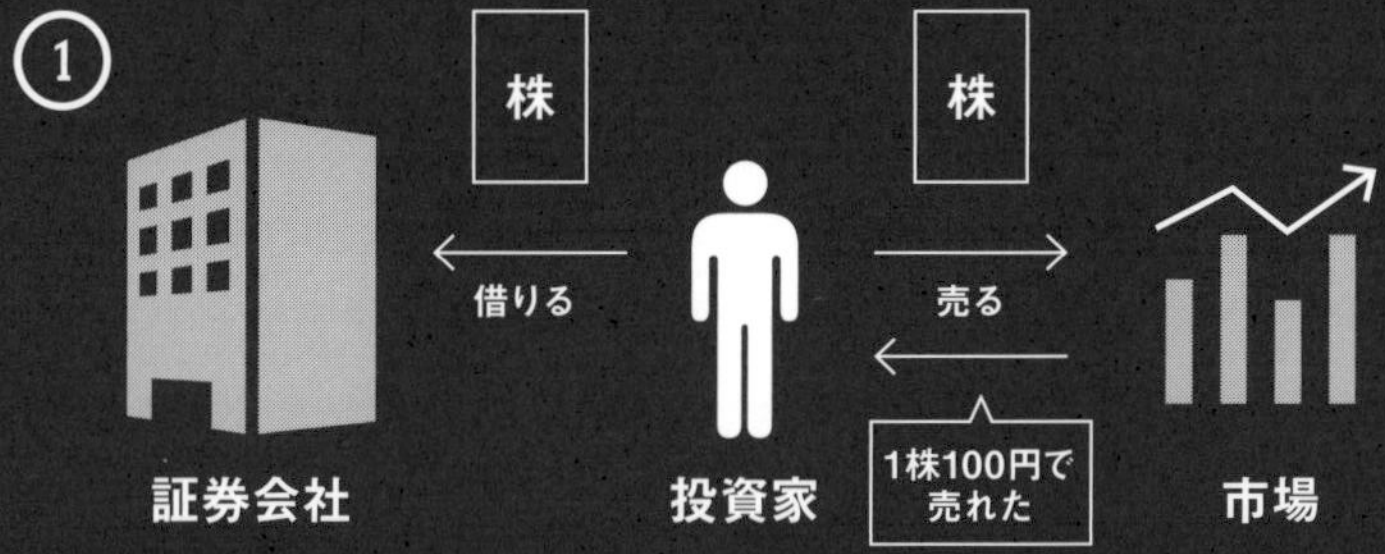

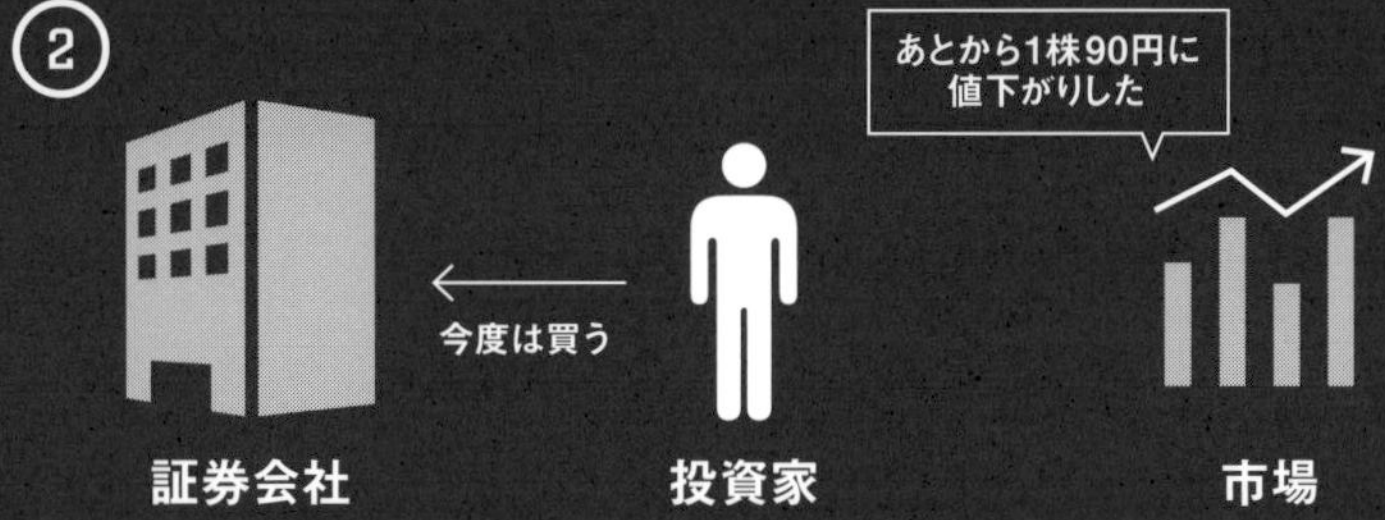

空売り残高とは、このまだ買い直されていない状態のこと（値下がりするのを待っている）

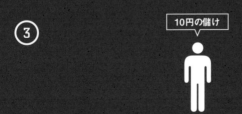

＊もし株が逆に値上がりしたら損をする

「アマゾンによる死者リスト」とでもいうべきだろう。2017年1月の時点で54銘柄がリストアップされている。このリストは、小売業の中で空売り残高（前ページ参照）の大きい銘柄を順に並べただけのものだ。空売りとは、その企業の株が下がれば下がるほど儲かるものだから、空売り残高が高いということは、これから株価が下がると予想されている企業のことで、事実、この54社の株価は低下し続けている。そして、小売業が倒産する理由は、「アマゾン」ということなのだ。

このような指数が作成されるほど、アマゾンは小売店にとっては脅威となっているのだ。いまや小売業界の王者として君臨するのが、アマゾンなのである。

★［2］　市場統計調査会社ビスポーク・インベストメント・グループの調査

「アマゾンは、何がすごいのか」

2015年頃から米国の株式市場で流行語になった言葉がある。GAFA（ガーファ）だ。グーグルのG、アップルのA、フェイスブックのF、そしてアマゾンのAの頭文字を取った造語だ。これに、マイクロソフトのMを加えてGAFA+M、別名ビッグ5と呼ばれることもある。この5社は新興企業で、時価総額が大きい。

「時価総額」（次ページ参照）とは、株価に発行済みの株式数をかけたもので、会社の現時点での価値を示す。ざっくりいうと、その会社がいくらで買えるのかという金額である。

GAFA＋Mの2018年の時価総額は、1位がアップル、アマゾンは2位で3位がグーグルの親会社のアルファベット、4位にマイクロソフト。しんがりがフェイスブックだ。

これらを日本企業の時価総額と比較したのが46ページの図だが、見てもらえばわか

時価総額とは

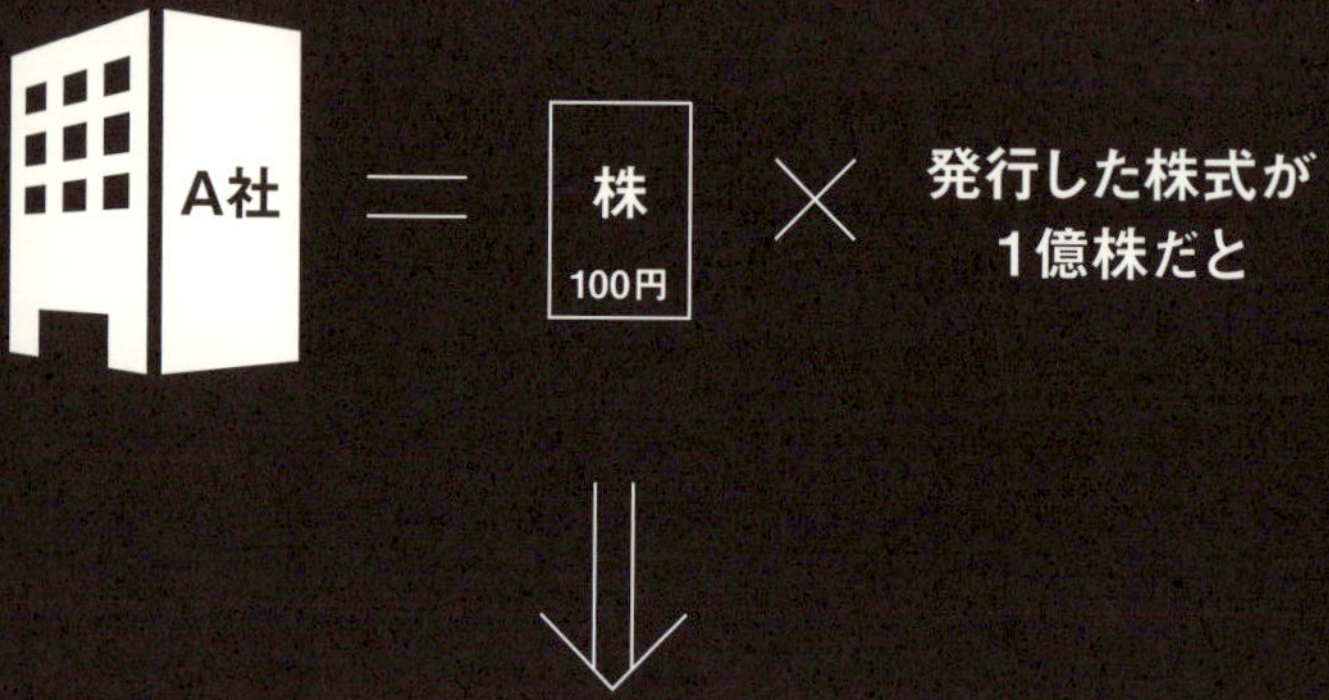

A社の時価総額は

100億円

つまり、その会社は100億円で買える

る通り、金額がとてつもない。日本企業で時価総額が最も大きいのがトヨタ自動車だが、それは5位のフェイスブックの半分ほどだ。その次にNTT、NTTドコモ、三菱UFJフィナンシャル・グループ、ソフトバンクと続く。これら日本の上位5社をすべて足しても、アマゾンの時価総額7777億ドル（約78兆円）に及ばないのだ。

ちなみに、日本でアマゾンの競合と見なされている楽天は1・1兆円、アマゾンの当日配送から撤退したヤマトホールディングスは1・2兆円と、アマゾンから見れば吹けば飛ぶような金額である。規模がまったく違うのだ。

GAFA＋Mを合計すると、3兆6699億ドルに達する。これは、GDP世界4位のドイツをも凌ぐ規模になる。この5社がいかにアメリカ経済をけん引しているかを理解できるだろう。

ここで注目すべきなのは、彼らの成長スピードである。まだその地位をつかんでからの歴史が浅すぎるのだ。アップルが、世界を変えたスマートフォン「iPhone（アイフォーン）」を発売してからはまだ10年しかたっていない。フェイスブックにいたっては、上場したのは2012年で、わずか6年前だ。アマゾンも、1995年生まれである。比べて、日本の時価総額ランキング上位は100年企業が多い。ビッグ5の異質さがわかるだろう。

ビッグ5の時価総額

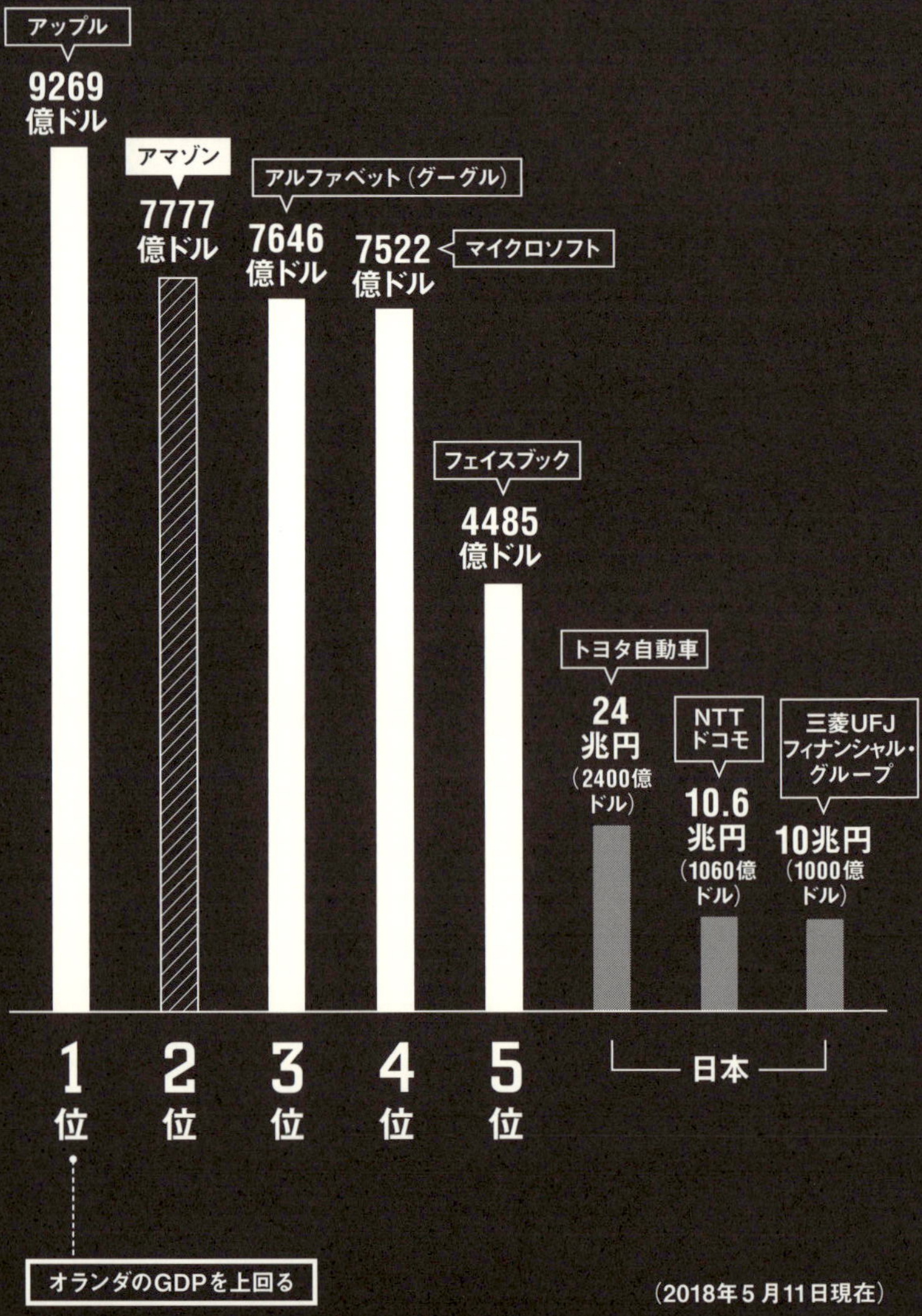
アップル
9269億ドル
アマゾン
7777億ドル
アルファベット（グーグル）
7646億ドル
7522億ドル
マイクロソフト
フェイスブック
4485億ドル
トヨタ自動車
24兆円（2400億ドル）
NTTドコモ
10.6兆円（1060億ドル）
三菱UFJフィナンシャル・グループ
10兆円（1000億ドル）
1位
2位
3位
4位
5位
日本
オランダのGDPを上回る
（2018年5月11日現在）

ビッグ5の中でも とびぬけた成長性

そのビッグ5の中でも、成長性から見てアタマひとつ抜けているのがアマゾンである。投資家からは「近い将来アップルを抜き、初の時価総額1兆ドル企業になるのでは」との声もある。

アマゾンがこう言われる理由は、事業範囲の広さである。もはやアマゾンを「ネットの本屋さん」と思う人は少ないだろう。アマゾンで本以外の商品を買ったことがある人は多いはずだ。

アマゾンは、創業当初からずっと地球上のあらゆる商品を扱う「エブリシングストア」を掲げ、急成長を遂げてきた。とはいえ、1999年のアマゾンの業績を見てみると、会社全体の売上の8割は、アメリカ内の書籍の販売だ。その頃までは、「オンラインで書籍の販売を中心に、CDやビデオ、家電なども取り扱っているネット通販企業」という程度だ。

しかし、その後のアマゾンは地球上のあらゆる商品を扱うという姿勢を貫き、それを実現してきた。小売りで扱う商品以外のものも「売る」ようになったのだ。

アマゾンが手がける小売り以外の事業をざっと見てみよう。

まず筆頭は、AWSである。のちほど、第3章で詳しく説明するが、アマゾンの事業の中で特筆すべき事業と言えよう。これは、自社のサイト運営のために開発したシステムを、他社が利用できるクラウドサービスとして外販しはじめたものである。

そのAWSはいまや世界シェアの3割以上を握っている。クラウドサービスの本家本元は、IT専業のマイクロソフトとネット専業のグーグルだった。本来は小売業のはずのアマゾンが、今やクラウド業界で最も大きな勢力だ。ちなみに、日本のIT各社もクラウドサービスを提供しているが、その規模は全世界に設置されているアマゾンのデータセンター1カ所の十分の一にも及ばない。

アマゾンの「プライム会員」用のサービスである、ドラマなどのオリジナルコンテンツとスポーツの配信も大きい。

アマゾンのオリジナルコンテンツへの投資額は、アメリカの大手のテレビ局よりも大きいといわれている。

また、アメリカンフットボールのNFLとは、年間10試合のリアルタイム中継の契約を結んだ。アメリカ人にとってのフットボールは、日本人の相撲や野球好きと比べる向きがあるが、その何倍もの市場規模だ。国民的に「熱狂」しているのがフットボールだといっていい。ＮＦＬは、現在アマゾン以外にも４大テレビ局とも中継の契約をしているが、じつはその４社とは２０２１年に契約が切れる。テレビ局が「アマゾンによる死者リスト」の群れに入る日がやってくるかもしれない。

また、アメリカの動画コンテンツ事情は、日本とは少々違う。地上波のドラマを見ている人などほとんどいない。ケーブルテレビや、ネット配信などで無数にあるドラマの内、人気のあるドラマには、一話単位で★評価がつき、それを基準に視聴するドラマを決めているからだ。

アマゾンプライム会員になると、ＮＦＬと、高評価のドラマが無料で見られるとあればどうであろうか。

投資調査会社のモーニングスターは、近い将来アメリカ国内でのアマゾンプライムの加入世帯数は、ケーブルテレビと衛星放送の加入数合計を上回ると予測している。現在アメリカ国内のプライム会員は８０００万世帯だが、これからも増えていくだろう。アマゾンは、テレビ局にとっても脅威なのだ。

２０１７年には、オンラインだけでなく、実店舗の本格的な運営にも進出を決めた。高級食材を扱うスーパーのホールフーズを買収したのだ。

鮮度が重要な食品を扱うことは、ネット販売とは遠い位置にあり、アマゾンの脅威にさらされず安全な場所だとみなされていた。しかし、アマゾンがネットの枠を超えて乗り込んできただけに、業界の衝撃は大きい。

実店舗といえば、2015年にはシアトルでアマゾンブックスというリアル店舗を出店した。アマゾンによって消え去ったはずのリアル書店が再び登場したのだ。

さらに、完全テクノロジーの無人店舗、「アマゾンゴー」も開店した。

アマゾンゴーとは、その店内の商品を自由にバッグに入れ、店の外に出ると自動的に、アマゾンアカウントから代金が引き落とされる仕組みである。店内には、あらゆる角度からカメラが仕掛けられており、多くの店員も必要ない。こうした技術で、一気に出店を拡大する可能性が高い。コンビニも「アマゾンによる死者リスト」に入ってくるかもしれないのだ。

テクノロジー面なら、デジタル端末の「キンドルリーダー」、ネット動画をテレビで視聴できる「ファイアTVスティック」、音声アシスタントの「アマゾンエコー」などのハードウェアも独自に開発・販売している。

物流もすごい。アマゾンといえば「翌日届く」を思い浮かべるだろうが、顧客にいち早く商品を届けるためにトラックや飛行機を保有して、独自の物流ネットワークの構築に取り組んでいる。しかも、築き上げた物流網を使って、アマゾンはアメリカの都市部で、自社の荷物以外の配送をスタートした。宅配便などの物流業者もまた「アマゾンによる死者リスト」に組み込まれるかもしれない。

法人向けの金融事業も手がけている。アマゾンマーケットプレイスに出店する企業に対して融資をするサービスをしているが、最近では銀行業に参入するのではとの観測も広まる。

いかがであろう。ざっと見ただけでも、アマゾンが果たして何の会社なのかわからなくなってしまったのではないだろうか。確かに、オンラインでの通販が売上の半分以上を占めるが、全体の売上がケタ違いなので、隠れてみえるだけだ。**いくつかの、地球規模の独立した事業が融合して構成されているのがアマゾンの実体なのだ。**どのジャンルをとっても独立した企業として成立する。

アマゾンの基本姿勢は、単純だ。**本業をする上で生まれた技術やサービスで横展開できそうなものがあったら、それを育てる。あるいは、近接する領域の事業があったら、それに乗り出す。**ただアマゾンが特異なのは、そのために多額の投資をし、それそれを、その業界でトップに立つほどの大事業にしている点だ。

アマゾンは、世界的な位置づけとしてはアップルやグーグル、フェイスブックなどと同じ「テクノロジー会社」である。これは、読者も異論はないだろう。

だが、アップルがスマートフォン、グーグルが検索エンジン、広告など、ひとつのジャンルの会社として認識され、実際、収益のほとんどもそれに依存しているのとは対照的だ。アップルは拡張現実（AR）技術、フェイスブックはヴァーチャルリアリティ（VR）技術、グーグルは自動運転技術など次世代事業の種をまいてはいるが、現時点では大きな収益を上げていない。ここからアマゾンの異質さが浮かび上がってくるだろう。

「経済を左右すると恐れられているアマゾン」

大企業が権力と膨大なデータを持つことに対する批判は古くからあるが、アマゾンの場合はドナルド・トランプ大統領までもが2016年の選挙期間中に言及しているから穏やかでない。

FOXテレビに出演した際に、「ベゾスは独禁法で私にやられると思っている。重大な違反があるからだ。アマゾンはあまりに多くの分野で独占的な地位にある」とアマゾンに矛先を向けていた。それを受けて、実際トランプの大統領当選後に、アマゾン株は売り込まれ、一時期は1割近く株価を下げた。

もちろん、これはトランプお得意の選挙対策用の発言であるのだが、こういう発言が大衆に受け入れられるとトランプが判断するということは、それだけアメリカの中でアマゾンに嫌悪感を抱いたり、脅威と感じていたりする層が多いという裏返しだろう。ちなみに、選挙後に、トランプとベゾスはトランプタワーで会談し、歩み寄りを見せている。アマゾンが行っている10万人の雇用創出も、政権との対立を和らげるために打ち出した「政治へのすり寄り」との指摘もある。

アナリストの中にも、デフレの原因はアマゾンだという主張がある。アメリカも日本も、物価の上昇が起きない状況が続いているが、それを「アマゾンの販売力が、一般物価の上昇を抑えているからだ」との見方があるのだ。

「地球上のあらゆるものを安く」を掲げるアマゾンは、いわば「他店よりも1円でも高い商品がありましたら、値引きします」を世界中で行っている企業だ。これからも商品の取扱量が増えるであろうし、そうするとますます低価格が可能になる。他の小売業者もアマゾンに対抗するため、価格を下げざるをえず、一般物価はますます上がらなくなる。

私が言いたいのは、この考察が正しいかでなく、アマゾンが経済に影響を与える存在だと思われていることだ。

それにしても、万が一にもアマゾンへの富とデータの集中が規制され、分割されたらどうなるのだろうか。このことについて、米紙『ウォール・ストリート・ジャーナル』で金融を担当するデニス・バーマンは、ツイッターにこんなジョークを書き込み反響を呼んだ。

「アマゾンが2025年に分割されるとしたらどうなるだろう。商取引、ウェブサービス、メディア、物流サービス、人工知能（AI）、ゲノム解析……分割しても（それぞれの領域で）独占か」

米国では、アマゾンは、これほどまでに恐れられているのだ。

NARUKE'S EYE
アマゾンをこう見る
・01・

アマゾンの事業の手の広げ方や切り替えは、本当は大企業だとできない

アマゾンはどこに向かっているか。どのような企業を目指しているか。アマゾンを調べれば調べるほど、この問いに答えるのが難しくなる。おそらくジェフ・ベゾス自身もわかっていないのではないだろうか。それほど、ベゾス流の経営は従来の常識からはかけ離れている。

たとえば、ＡＷＳはＡＷＳで、プライム会員事業はプライム会員事業で利益を追求している。それぞれの部門が独立しているのだ。これ自体は決して珍しくない。日本でも事業部制と呼ばれ、一定の裁量を与える代わりに、業績に責任を持たせる。

しかし、日本の場合は独立しているとはいえ、あくまでも社内の一事業部で、全体的にはひとつの会社の中のことだ。会社全体の利益のためというつながりの下で動いている。だから、トップの方針と事業部の思いが衝突することもあるし、事業部同士は少しでも予算を獲得しようと、水面下で会社の主導権争いをしているのが日常だ。その調整を、社長を筆頭に取締役会が担う。

ところが、アマゾンの場合、完全に独立しているように見える。事業部門のひとつひとつの責任者は、おそらくアマゾン全体のこ

とまで考えていない。たとえばＡＷＳの責任者は自らをネット通販とはまったく関係ない事業と言い放つし、近い将来にネット通販の売上を抜くとも言っている。そこにはまったく他の事業や会社全体に対する気兼ねが感じられない。自分の事業しか見ていないように映る。

そして、特筆すべきは、ベゾスもそれぞれの事業をコントロールする気がないところである。これこそが、アマゾンが新たな事業をどんどん横展開しやすい理由であり、これがアマゾンが何の会社かをわかりにくくしている最大の理由かもしれない。

トップが自らコントロールせずに現場に裁量を与えることで、事業部が本社の判断を仰がずに素早い意思決定ができる。アマゾンが急成長を遂げている理由のひとつだろう。また、コントロールしなければ、事業の管理コストも安くなる。とはいえ、これらもあくまでも結果論で、どこまでベゾスが織り込んで、このような体制ができあがったかも不透明である。気がついたらそうなっていた、という可能性もありそうだ。

amazon

chapter

#01

「品揃えが大量で、安い」を実現する仕組みとは

圧倒的な商品数と安い値段がどうして可能になるのか

インターネットの登場で、「ネットでの買い物」が簡単にできるようになった。同じサイトの中で、食品でも服でも本でも、ありとあらゆる種類の商品を同じ画面で選択し、簡単な支払い方法で買い物ができる。これを究極まで高めたのがアマゾンだ。「お客さまがアマゾンのサイトひとつであらゆるものを買えたり、サービスを受けられたりできるようにする」

創業以来、ジェフ・ベゾスはメディアなどを通じて、アマゾンという会社をこう繰り返し強調してきた。

まずこの第1章では、アマゾンのスタート地点であり、今でも売上の半分を占める「小売り」を見ていきたいと思う。アマゾンの企業理念は「地球上で最もお客様を大切にする企業」である。

品揃えが大量で、安い。シンプルだが、それこそがアマゾンが強い理由である。それをどうやって可能にしているのか。その仕組みを取り上げたい。

アマゾンは「地球上で最も豊富な品揃え」をスローガンに掲げる。これは、ジェフ・ベゾスがシアトルで起業し、オンラインの書籍販売を始めたころから変わらぬ目標だ。書籍の販売から始めたのは特にこだわりがあったからではない。本は誰が売ろうと品質に差が出ず、梱包や発送が難しくないからだ。しかし、アマゾンは今やDVDやゲーム機、靴や服から洗剤などの日用品、オフィスの事務用品や工具までを取り扱っている。先述のとおり、ネット（EC）では展開が難しいとされて、長らく空白地帯だった生鮮食品すらも取り扱い始めている。

では、「地球上で最も豊富な品揃え」とは一体、どの程度の商品数なのだろうか。

アマゾンは世界各国でビジネスを展開しているが、もちろん、最大のマーケットはお膝元のアメリカである。アメリカのマーケットリサーチ会社によると、16年5月時点におけるアメリカでのアマゾンの取扱商品数は1220万品目にもおよぶという。

SKU（ストック・キーピング・ユニット）という単位がある。SKUとは同じ商品でも色やサイズなどが違えば、別のものとして数えることだ。日本の巨大食品スーパーのSKUは1万5000点ほどである。アマゾンのSKUは明らかになっていないが、SKUの違いを考えても信じられない品数だ。

SKU（ストック・キーピング・ユニット）＊商品の数え方のこと

同じTシャツでも…

6SKUと数える

SKU（ストック・キーピング・ユニット）

1980年代まで、基本的に商品数で管理していたが、
「SKU」で管理するようになると売上が伸びた。

（管理のために自分で決めるものなので、企業によって差がある）

日本のアマゾンのサイトでも、生活や仕事に必要なものは大概手に入る。アマゾンでは、通常はネットでは買わないと思えるものさえ売られている。たとえば自動車だ。自動車用品ではない。自動車そのものもアマゾンは扱っているのだ。新車のみならず、中古車も購入可能だ。しかも、中古車の消耗部品はすべて新品に交換している。配送も、通常のアマゾンでの販売と同じく日本全国どこでも届けてくれる。返品も可能だ。車に対してすらも、ネットで消費者が買うという心理的な障壁を低くしている。

また、価格体系の不透明なものまで売ることもある。僧侶を派遣する「お坊さん便」なども一時期話題になった。

あらゆる商品が扱える「マーケットプレイス」という仕組み

こういった品揃えは、「マーケットプレイス」のおかげである。マーケットプレイスとは、アマゾン以外の外部事業者が出品できるサービスのことだ。簡単に言うと楽天市場のようなものだが、違うのは、画面上ではアマゾン直販の商品や他の出品者も全部同じフォーマットで買えるということだろう。消費者にとっては、売っているのがアマゾンなのか他の事業者なのかが特に気にせずに買える。このマーケットプレイスで扱う商品は、アマゾン直販の品数の30倍以上で、約3億5000品目にも上る。

書籍、動画コンテンツ、ワイン、サービスを除外し、さらに商品バリエーションを含まず、ざっと見積もっただけで約3億5000品目以上になるのだ。これは2016年5月の試算なので今はさらに膨れあがっているだろう。「地球上で最も豊富な品揃え」の看板に偽りはなく、本当に何でも揃えて販売しているのだ。

ちなみに楽天との違いをもっというと、支払いがアマゾンを経由して行われているところも違う。楽天では、商品の代金は出品業者それぞれに消費者から直接支払われるが、アマゾンは、アマゾンが支払いを管理している。消費者にとっては、見も知らない人にクレジットカード番号を知らせなくてもいいという利点がある。

アマゾン側の利点は、消費者の購買情報が全部わかるところである。アマゾンは、消費者の家族単位で情報を持つことができる。そうして、たとえば消費者の妻の誕生日が近くなると、女性ものの時計などをレコメンドしたりする。

とにかく、マーケットプレイスによる信じられない品揃えに、かつてはアマゾンの脅威に晒された小売業者たちの戦略は「アマゾンといかに戦うか」から「アマゾンをいかに使うか」に変化してきている。ウォルマート・ストアーズやセブン&アイ・ホールディングスのような一部の超大手業者を除けばであるが。

全世界でのアマゾンのサイトからの売買の内訳を見ると、マーケットプレイスに出品している事業者による商品出荷数は、全体の5割を超えた（2017年1-3月期）。つまり、アマゾンが自社で消費者に直売している量よりも、アマゾン以外の業者の商品の取り扱いの方が多くなったのだ。

当たり前のことだが、マーケットプレイスに出品する外部業者が多ければ多いほど、品数は増える。ここで、読者の多くはなぜ外部業者がマーケットプレイスをこぞって活用するのか疑問に思うかもしれない。アマゾンには多くの消費者がアクセスするとはいえ、出品業者間の競争も激しい。それこそ楽天市場でもいいはずだ。その利用を促す仕組みとは何だろうか。

「マーケットプレイスを利用したくなるのは「FBA」のおかげ」

アマゾンは、マーケットプレイスという「場」に外部の企業が思わず活用したくなる魅力的なサービスをもちろん用意している。いくつかあるが、最も大きいのがフルフィルメント・バイ・アマゾン、略してFBAと呼ばれるものだ。これは、マーケットプレイスの中の一部門で、マーケットプレイスはただのオンラインの場を提供するだけだが、**FBAを利用すると、どんな企業でも、アマゾンのインフラが使用できる。**商品の保管から注文処理、出荷、決済、配送、返品対応まですべてをアマゾンがまとめて代行してくれるのだ。店舗がなくても、自社のECサイトを作らなくても、アマゾンの倉庫に全部預けるだけで、あとはアマゾンが自社の商品を売ってくれるという仕組みだ。

人手が限られる個人商店や、中小企業にとってこのサービスは非常に助かるだろう。アマゾンの配送機能やカスタマーサービス機能を使って、世界中の何百万という顧客との接点を持つことが可能になるのだ。ＦＢＡの倉庫は年中無休で稼働している。休日でも即日発送できるので「すぐに欲しい」顧客の要望をくみ取り、機会ロスも防げるわけだ。

また、利用料金も手軽だ。まず月額の固定費がない。発生するのは、商品の面積や日数に応じた在庫保管手数料や、商品の金額と重量に基づく配送代行手数料のみだ。それ以上の費用負担はなく、これも中小企業にとっては大きな魅力だ。

ＦＢＡを利用する企業は、自分のページに「プライムマーク」を表示できる。プライムマークは、無料で当日・翌日に届くことを示すマークで、プライムマークがあると、やはり商品購入されやすい。

多くの企業がＦＢＡの恩恵を受けており、ＦＢＡを採用した約8割の店舗で売上が増えているという（『アマゾンと物流大戦争』ＮＨＫ出版新書）。

マーケットプレイスとこのＦＢＡが生まれた背景には、古本の「せどり」という習慣がある。せどりとは、古本の目利きが、価値ある本を古本屋から安く見つけてきて高く売ることだが、まだアマゾンが本を中心に扱っているときに、この個人のせどりに、オンライン販売の場を提供したことから始まる。

その後、アマゾンは倉庫の空きスペースを提供し、発送の代行までもするようになった。そして、アマゾンが書籍以外に対象領域を広げていくにしたがって、古本だけではなく、家電や飲料や雑貨など、あらゆる商品にもこのサービスを提供した。リサイクル品だけでなく、新品もである。こうして個人から、企業もマーケットプレイスへ参入していったのだ。

FBAは、こうして自然発生的に生まれたものだといえる。しかし、驚くべきは、その圧倒的なスピードだ。そこに需要さえあれば、それは購買需要であれ、サービス需要であれ、企業からの需要であれ、敏感に感じ取り、まさに光速で実現していくのだ。**少しの需要を逃さず、圧倒的なスピードで形にしてしまうのがアマゾンだ。**アマゾンからすると地球上のすべての存在が顧客に見えているのかもしれない。

アマゾンは、このFBAを進出する国すべてで導入している。100カ国以上の出品者に利用され、国境を越え、180カ国以上の顧客に商品を届けている。世界全体でFBAを使った配達は年間10億アイテム以上に達している。

アマゾンには、自然と「地球で最も豊富な品揃え」ができる仕組みができていることがおわかりになったと思う。

アマゾンならではのサービス「物流」は出品者にも魅力

無料で当日か翌日に届くことを表す「プライムマーク」。購入を大きく左右することのマークは、ＦＢＡを利用することでつけられるが、「マーケットプレイス」のみの利用者にもつけられるサービスがある。日本では２０１６年10月に始まった「マケプレプライム」だ。

この「プライムマーク」を使うには、高度な条件を満たす必要がある。過去30日以内の期日内配送率96％以上、追跡可能率94％以上、出荷前キャンセル率１％未満などだ。アマゾンの要求するレベルに達している事業者だけが、対象商品に「プライムマーク」を表示することを選べる。手数料もかからない。アマゾンが提示する条件を満たせば、料金を払わずに利用することができる。

この「マケプレプライム」では、アマゾンのカスタマーサービスが出店事業者に代わって顧客対応をしてくれるというメリットもある。

アマゾン側にとっても、「プライムマーク」を多くの出店者が表示できるようになると、注文が増え、商品全体の流通量も高められる。米、英、独、仏、日本の5カ国で2017年5月現在600万種類以上がこのサービスを使っている。アマゾンはプライムマークという需要も逃さず、細かいサービスを行うのだ。

中小企業にとっては、FBAは海外展開の足掛かりにもなる

ある企業が、新たに何かを輸出したいと思ったとしよう。輸出には、さまざまな制限がかかる。まず、たくさんの申請が必要だ。税金もかかる。時間も人手もお金もかかるのだ。中小や零細企業にとっては、輸出処理は大変なことである。

しかし、これもFBAを使えば解決できる。輸出をしたい国のFBAを利用するのだ。国によっては輸出ができる商品とできない商品があるが、OKなものはアマゾンがすべて代わりに輸出をしてくれる。海外進出の足掛かりとして使う企業も多い。

特に、ヨーロッパ圏では、2016年に「汎欧州FBA」が始まった。配送エリアがEU全域になり、出店者は、EU内の他国の顧客に注文品を届けやすくなった。**これを使えば、中小や零細の企業でも国境をまたぎ、輸出ビジネスを簡単に開始できるのだ。**EU圏内の客も、外国からの出店者の商品をより早く、安価な配送料で手に入

れられる。

出品する企業がすることは国内と変わらない。商品をアマゾンに登録し、地元のアマゾンの倉庫に商品を送るだけだ。そこからアマゾンは、各地域における需要をこれまでの購買データから予測し、商品を欧州7カ国・計29カ所の倉庫に自動的に分配する。顧客から注文が入れば、顧客に最も近い倉庫から発送される。

近い将来、アジアや中東など、さまざまな地域でこれと同じことができるようになるだろう。**この越境ECは、高度なIT技術があるからこそできる。**国際拠点間にまたがる在庫管理をはじめ、物流業者や金融機関とのシステム相互接続、自動倉庫や膨大な人事管理など、すべてITが実現している。そしてそのことこそが、アマゾンの他が追随できない強みにつながっていく。

楽天で売る商品もアマゾンから出荷してくれる仕組みがある

あまり知られていないが、何とFBAはアマゾンを経由しない顧客の注文にも対応できるようになっている。2009年に始めた「マルチチャネル」だ。

これは、業者がアマゾン以外のサイトで商品を売った場合にも、出荷をアマゾンが代行してくれる仕組みだ。アマゾンの競合である楽天市場やヤフーショッピングでも、アマゾンの倉庫から商品を発送できる。複数のサイトで売っても、することは、商品をアマゾンの倉庫に送ることだけ。それだけやっておけば、どんな複数のサイトで売っても、一本化して出荷できるのだ。

これは、地味だが革命的な仕組みである。多くのネット通販を手がける業者は、自社サイトを含めた複数のサイトに出品している。普通ならば在庫管理や発送が面倒だが、「マルチチャネル」を使えば、企業はこの面倒な作業から解放される。

個人商店や中小企業は商品力があったとしても、販売先や物流網が弱いことが多い。しかし、FBAを利用すると、この二つの課題を同時に解消できるのだ。それも、アマゾンという巨大な物流機能を使って商品を届けられる。新しいビジネスがやりやすくなるだろう。

たとえば、自分で商品を企画し、設計や製造は中国企業などに任せ、アマゾンの流通で売る。たった一人で何百億円というビジネスも手がけられる可能性も出てくる。**アマゾンは、出品者にとっても便利すぎるサービスを提供しており、FBAを利用する業者が多い理由もわかるだろう。**

アマゾンのこの便利すぎる物流システムの開放は、モール型の通販サイトである楽天やヤフーに対して数倍も魅力的で、決定的な差別化要因にもなっている。

「広告もあるので、アマゾン出品だけで売り場が完結する」

マーケットプレイスを使いたくなる仕組みは、ＦＢＡだけではない。広告も魅力だ。アマゾンに出品した事業者は、アマゾン内に商品広告が出せる。「スポンサープロダクト」と呼ばれるクリック課金型の広告だ。これは、アマゾンの顧客が、何を検索したかのキーワードに連動して、画面の下部に表示される。

クリック単価の価格は2円から。ヤフーは10円から、楽天市場は50円からなので、ケタ違いに安い。また、アマゾンユーザーは接触比率が高いし、画面が統一されていて見やすいので、広告も効きやすい。

ＦＢＡと組み合わせれば、商品の宣伝から出荷まで、アマゾンのみで完結する。人手が少ない企業にとっては、もはや、アマゾンさえあれば店舗と物流が確保できたも同然だ。

「価格が安くできるのは膨大な売れ筋データを持つから」

さて、ここまでで、アマゾンの商品がケタ違いに多い理由が、マーケットプレイスという仕組みにあることが十分わかったと思う。出品事業者にとって、便利なことこの上ないのだ。しかし、マーケットプレイスは、事業者にとって不利益がないのだろうか。残念ながらそんなことはない。そして、それこそが、アマゾンが「どこよりも安くできる」源泉にもなっている。

アマゾンの商品は安い。とにかく安い。試しに価格ドットコムで何か商品を検索してみると、軒並みアマゾンが上位に並ぶ。たとえば、日清のカップヌードル シーフードヌードル20個の商品を調べてみると２９０４円で、２位に比べて送料を含めると20％くらい安い（２０１８年5月10日時点）。スーパーの安売りと比べてもケタ違いの安さを実現している。

元々、アマゾンは直販だけでも品揃えが多いので値下げに躊躇がない。これにマーケットプレイスで得た、出品業者のデータを足すのだ。

たとえば、ある出店企業がマーケットプレイスを利用して、アマゾンが自ら取り扱っていない商品を売り、それがヒットしたとしよう。

当然、支払いを管理しているアマゾンには販売履歴が筒抜けなので、アマゾンは売れ筋商品と判断する。アマゾンはその商品を仕入れ、直販で取り扱いを始めるだろう。こうやって、アマゾンはどこよりも低価格で商品を提供できる。しかも、システムで機械的に判断できるから、アマゾンの仕入れ担当者はほぼ自動で手配を始めるだろう。

こうなってしまうと、中小企業は採算度外視の価格設定にせざるをえない。利益を確保するためにアマゾンから撤退したいと思っても、売上は落ち込む。

「まさかアマゾンのような大企業がそこまでやるか」と考える方もいるかもしれないが、アマゾンは米国で、こうした徹底した値下げ攻勢で結果的にライバルを潰してきた歴史がある。

マーケットプレイスは便利な一方、気づけばアマゾンに情報を吸い取られ、身動きできない状況に追い込まれる危険もあるのだ。実際、アマゾンに自社の売れ筋商品を知らせたくないという判断でマーケットプレイスを敬遠する企業も存在する。

「スタートアップを最初に取り込めると大きい」

21世紀に入って登場した多くの新商品や新サービスは、スタートアップ企業が作り出したものだ。商品としてはドローン市場を寡占しつつあるＤＪＩ、ウェアラブルカメラのGoProなどが代表例だろう。まさにアマゾンも、新しいサービスを提供するスタートアップ企業とも言える。

これらの商品は、あまりに新しいコンセプトなので、登場当時はきちんとした説明がないと売れなかった。アマゾンでは、これらスタートアップ商品に対して、助言するサービスまで登場している。**スタートアップをいち早く取り込むと、新しい商品が早く売れて長期的な機会ロスを防ぐことができ、また大きな市場が作れることを知っているからだ。**

このスタートアップ企業向けの支援制度は「アマゾンローンチパッド」という名称で、日本では２０１７年1月に始まった。スタートアップの商品のみを集めた専用ペページ「アマゾンローンチパッドストア」があり、それを軸にアマゾン内での商品販売をサポートしてもらえる。

そこでは、画像や動画を使用しながら、販売商品の特徴などを説明できる。商品説明だけでなく、商品開発に至った背景や想いなど、通常のアマゾン商品販売ページとは違う特別扱いである。

とはいえ、最大の特徴は、アマゾンにすべてをサポートしてもらえるということだろう。アマゾン側が担当者をつけてくれ、商品登録や商品ページ作りの手助け、広告や物流代行、資金調達などアマゾンが提供するサービスすべてを、効果的に活用するための助言をもらえる。アマゾンで出品し、販売を伸ばすための全面的なサポートを受けられるといっても過言ではない。

ちなみに、手数料として、通常の料率に5％が上乗せされる。5％の上乗せがあるとはいえ、手取り足取りでアマゾンに販促してもらえるとなれば安いといえよう。

「他が絶対に勝てない理由は、サービス特典の「次元の違う娯楽力」」

さて、圧倒的な商品数と安い値段がどうして可能になるのかを知ったところで、ここからはアマゾンのお客様へのサービス力を見ていこう。

アマゾンは、「地球上で最もお客様を大切にする企業であること」を掲げている。アマゾンの「お客様へのサービス」たるやすごい。ネットで注文すると当日か翌日には届き、人気の音楽、ドラマや国民的スポーツすらも無料で、即時に見られる。写真保存のクラウドサービスも使える。矢継ぎ早に新しいサービスが提供され、会員は一日の中でアマゾンを利用する時間が知らぬ間に増え続けることになる。

結果として、アマゾンが生活に占める割合は大きくなり、会員はどっぷりつかってしまい、脱会する気すら起きないだろう。**しかも、顧客にとってはアマゾンから提供されるサービスで不利益を被ることはなにもない。過剰すぎるほどの「お客様へのサービス」が行き届いているだけだ。**

アメリカの調査会社によると、アマゾン利用者の6割がプライムに入会している。また、前述したとおり、アマゾンでの利用額は、非会員だと年間平均で700ドル、しかし会員は1300ドルとおよそ2倍である。いかにプライムのサービスが、ユーザーをアマゾンにどっぷりはまらせているかを物語る数値だ。

実際、米国での年会費は、当初は79ドルだったものが2014年に99ドルに引き上げられたが、その年の会員数は値上げにもかかわらず、5割増えたという。ちなみに、今年の4月にも99ドルから119ドルに引き上げられている。

ここで、興味深い事例を紹介しよう。アマゾンの競合のウォルマート・ストアーズが、アマゾンプライムに対抗して、まるでアマゾンプライムのようなサービスを始めたことがある。翌日配送や返品が無料になる会員制サービスだ。しかし、1年も経たずに撤退に追い込まれた。年会費は49ドルで、99ドルのプライムに比べて50ドルも安く設定していたにもかかわらずだ。このウォルマートの失敗は、アマゾンプライムの価値が配送の迅速さだけではないことを見抜けなかったことにあるだろう。プライム会員の少なからぬ数のユーザーは、即日無料配送だけが魅力だから登録しているのではない。

ウォルマートの顧客を、プライムのサービス力で取り込む

逆に、アマゾンも、2017年に入りウォルマートの顧客を取り込もうとした。ターゲットにしたのが低所得者層。具体的には、「フードスタンプ」の受給者だ。「フードスタンプ」と聞いても日本では馴染みがないが、これは、米政府が支給する食料配給券のことだ。日本では、生活保護費は現金で給付されるが、アメリカでは金券(=フードスタンプ)で支給される。これは食料品と交換ができ、アルコールやタバコなどとはできないようになっている。

配給券といっても、フードスタンプは電子決済のカード式で、1人あたり月額125ドル程度が支給される。

2016年のフードスタンプ受給者数はアメリカ国民の1割強、約4420万人を占める。このフードスタンプの受給者がウォルマートを頻繁に利用しているのだ。それを物語るエピソードがある。

2013年に全米17州でフードスタンプのシステムが停止する事故があり、カードが使えなくなったことがあった。その内、ウォルマートの2カ所の店舗で「フードスタンプを持つ買い物客には支払い免除」をするという措置を州が発表したところ、受給者が店につめかけ、棚からあらゆる商品を持ち去り、警官が出動する事態になった。逮捕者こそ出なかったものの、「8個から10個のショッピングカートを運んでいる人がいた」「7万円相当の品物を持ち去った」というから、いかにフードスタンプの受給者層にとって、ウォルマートが「愛されている」かわかるだろう。

アマゾンはこの層を取り込むため、ネット通販での食料品の支払いにフードスタンプを試験的に利用可能にした。ネット通販ならば、万が一システムトラブルが起きても商品を持ち去られることもない。

また、これら低所得者層向けに、プライムの会費を従来の約半額の月5・99ドルに引き下げてもいる。プライムサービスは、月額約13ドルと、ある一定以上の所得がないと利用が難しいと思われていたが、月6ドルも払わずに、動画や音楽を好きなだけ視聴できるとなれば、利用が広まる可能性はあるだろう。「低所得者も大切なお客様」なのがアマゾンだ。

ウォルマートが前述の「アマゾンによる死者リスト」に入る日が来るかもしれない。

顧客が何を欲しいか「予測して出荷する」特許技術

アマゾンのサービス力を物語るものに、2013年12月に承認された特許がある。「予測出荷」と呼ばれるものだ。これは、何と顧客が「購入」をクリックする前に品物を配送してしまうというものである。

予測出荷とは、その名のとおり、顧客が次に買いそうな商品を、注文がある前に箱詰めしておき、顧客の近くの配送センターやトラックの中に保管し、実際に購入ボタンが押されるやいなや届けるというサービスである。

顧客のこれまでの購買パターンや商品検索の履歴、ショッピングカートの中身、返品実績、特定の品物にカーソルがどれほど長くとどまったかなどから、次に何を配達するかを判断している。

じつは、顧客が何を欲しているかを予測するのは難しいことではない。これについては、昔から小売り業界では頻繁に課題として研究されており、**データ蓄積が進む現**

代では、ある顧客が、数時間以内に発注する商品を予測することはかなりの精度で可能なのだ。

しかしアマゾンの凄みは、これをあらゆる商品であらゆる顧客に予想し、実際に商品を出荷できてしまう能力があるところなのだ。膨大なデータと物流を持つからこそできることである。アマゾンが目指す「消費者が欲しいと思った瞬間、あらゆるものがすぐに手に入る」世界は着実に近づいている。

アマゾンと楽天のビジネスモデルの違い

ここで、アマゾンの小売りビジネスモデルを整理してみようと思う。業態が似ている楽天と比較をするとわかりやすいので見ていこう。

読者には、楽天にかつてほどの勢いがなく、アマゾンが勢力をひたすら拡大しているように映っているかもしれない。それは、まさにビジネスモデルの違いがもたらした差だといっても過言ではない。

楽天はアマゾンとほぼ同時期の1997年に設立。まだ人々がインターネットでモノを買わない時代に、インターネット・ショッピングモール「楽天市場」を開設して、2000年に株式を上場した。従業員数はグループ全体で、1万5719人だ（2018年3月時点）。

さまざまな事業を手がけていることもアマゾンに似ている。現在はネットで宿泊予約ができる「楽天トラベル」や、「楽天銀行」「楽天証券」など金融事業などにも進出して、70以上のサービスを提供している。2018年4月には携帯キャリア事業に本格的に参入することが決定。2019年10月にサービス開始予定で、NTTドコモ、KDDI、ソフトバンクグループに次ぐ第4のキャリアが誕生することになる。

現在、楽天の売上高は7819億円。アマゾンの日本事業の売上には及ばないが、ネット通販を起点に事業を広げている点では、アマゾンの拡大パターンに酷似しているともいえる。

最近はサッカーのスペイン1部FCバルセロナと、総額2億2000万ユーロでスポーツ史上最高額のスポンサー契約を締結している。ちなみに、この契約は、アマゾンと中国のネット通販最大手の「アリババ」と争い、楽天がこの2社に競り勝った。最近では、ネットの普及で欧州サッカーのファン層がアジアなどの新興国にも広がっており、世界に名前を広めるにはうってつけだろう。

楽天もアマゾンもEC企業として出発し、両者しのぎを削っていることから、ひとくくりにされることも多いが、この2社はビジネスモデルがまったく異なる。

「楽天市場」はインターネット上に構築された、まさに名前のとおり「市場」である。それは仮想商店街であり、楽天はネット上に軒先、すなわちスペースを貸すことで出店企業から料金を得ている。**つまり、出店企業からの手数料を中心に稼いでおり、お客さんは企業だ。**収入は3000億円程度で、出店企業数は約4万5000店、2017年6月時点では月商1億円以上が159店ある。

一方、アマゾンの中心はあくまでも、自社で仕入れた商品の販売だ。自社以外の事業者が出品をする「マーケットプレイス」もあるが、基本は自分で在庫を持ち、流通を管理している。そして、FBAの場合は、アマゾンが他社の在庫も倉庫に抱える。**アマゾンのお客さんは、そのままアマゾンで物を買う消費者である。**

繰り返しになるが、楽天の収入は「場所貸し」からである。場所を開放し、手数料という名の「地代」を徴収するだけだ。商品の梱包や発送は当然、出店業者が担う。

楽天のビジネスモデルとは、「場所貸しのみなので、自身で物流網を持つ必要がなく、時間もお金もかけずに、出店業者を手軽に増やすことができる」仕組みだ。在庫も持つ必要がないので、リスクも少ない。出店業者にとっては、楽天への他の出店者が多ければ多いほど、お客が集まる。そして、楽天にとっては、品揃えが充実するという好循環が生まれる。

初期に、楽天がアマゾンに比べて事業を急拡大できた背景がわかるだろう。

これに対してアマゾンは、あくまでも自社で仕入れた商品を売るので、物流倉庫も必要になるし、庫内での在庫管理や、注文を受けた際の発送準備などのノウハウも必要になる。当然ながら一朝一夕で物流網やノウハウは構築できないので立ち上がりには時間がかかる。当然、莫大な設備投資負担ものしかかる。

しかし、いったん物流システムが整備されさえすれば、アマゾンは自社ですべてまかなうことができるため、取り扱う商品量さえ増えれば、メリットを出しやすい。たとえば、まずは商品の仕入れである。大量に仕入れるためスケールメリットが働き、安く仕入れられる。それこそ、他の追随を許さないほどに安くできる。

反対に、楽天は自らが調達に関わるわけでなく、出店業者がばらばらに仕入れているので、たとえ仕入れ数が多くなっても、価格が安くなるわけではない。消費者に、安い商品を届けることが、構造的に難しいのだ。

一方のアマゾンは巨大な倉庫やそれを支える物流システムを構築する必要があ

る。物流システムの建設に投下された費用は固定費である。そのためアマゾンは必然的に売上の極大化を目指さなければならない。ただ、この物流システムこそが他と差をつける戦略的な競争装置だということが分かったと思う。また、のちに第2章で詳しく説明するが、固定費の捻出法こそがアマゾンの強みだ。

アマゾンのビジネスモデル

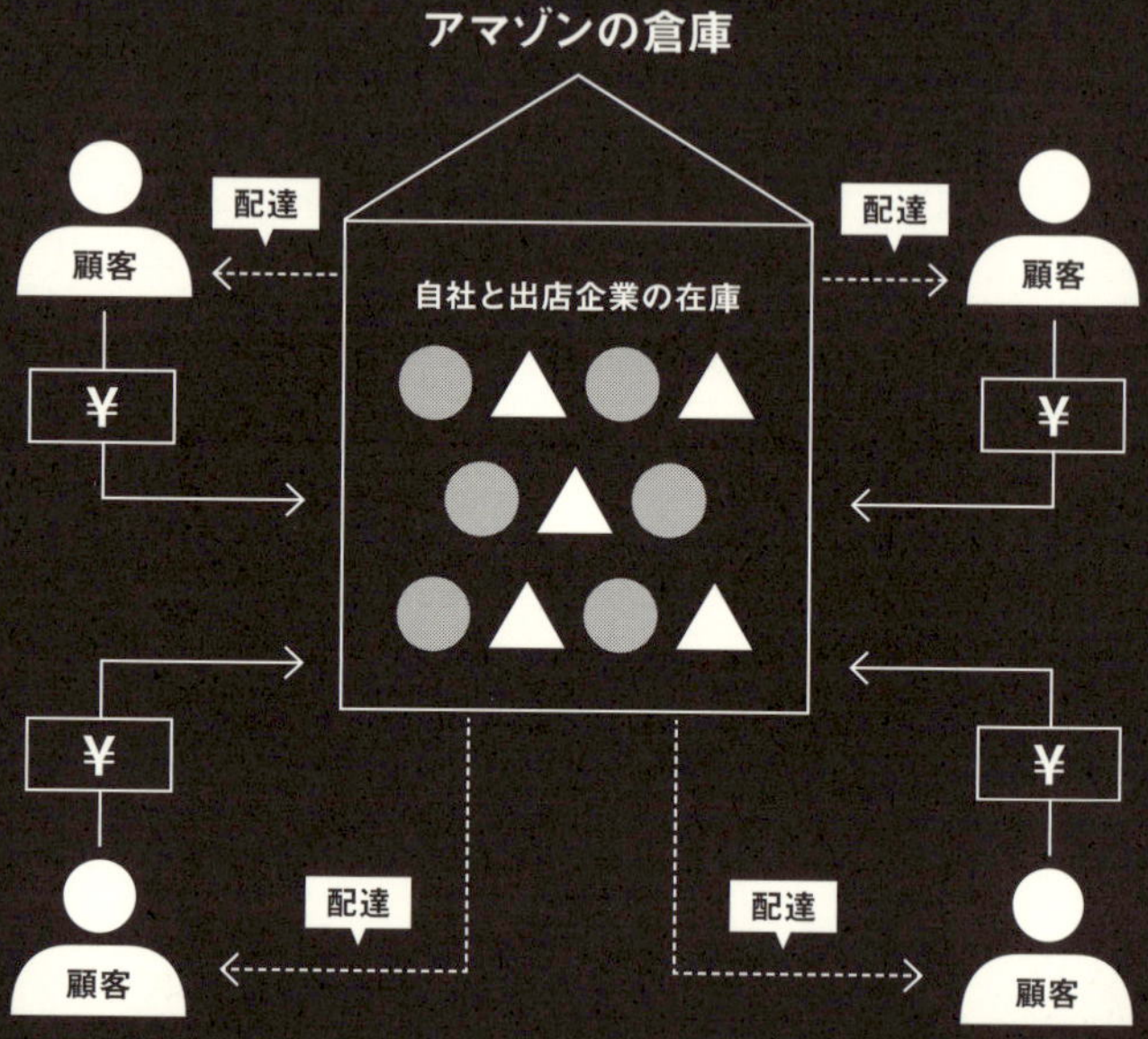

物流網と倉庫を持っている

メリット

・大量に仕入れ、安くできる
・別の種類のものも一緒に届けられる

デメリット

・倉庫も在庫管理も必要。固定費がかかる
・初期は、物流網の構築などに時間、費用がかかる

物流の勝利

楽天のビジネスモデル

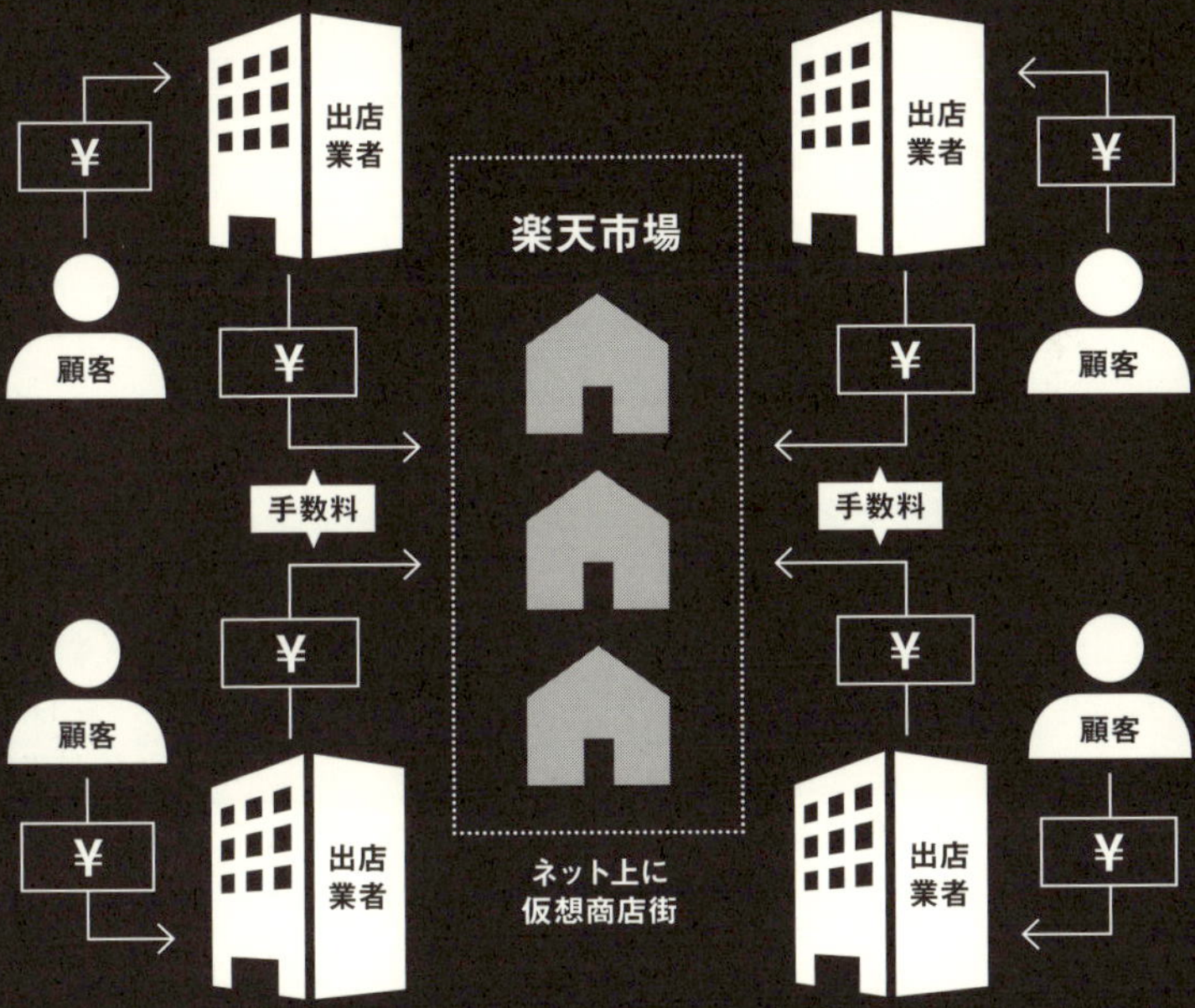

物流網と倉庫を持っていない

メリット

・出店業者を気軽に増やせる
・在庫を持たなくていいのでリスクが少ない

デメリット

・注文数が多くても、安く仕入れられない
・商品の種類が違えば、配送がまとめられない

倉庫と在庫を持つことは、事業を大きくするのに欠かせない

アマゾンが倉庫と在庫を持つことは、アマゾンが提言する「地球上で最もお客様を大切にする企業であること」の体現にはなくてはならないものだ。商品を安くできることはもちろん、まったく別の商品、たとえば書籍と洗剤と靴を同時に頼んでも一緒に届けることが可能だ。楽天で買った場合、それぞれが別の店なので、もちろん別々に発送されてしまい、配送料が膨らむ。商品の保管方法や梱包も出店者任せのため、アマゾンに比べると物流品質もまちまちである面は否めない。

2017年に楽天が取り扱った流通の総額は、約3・4兆円と前年比で14％増えてはいるが、この数字は楽天トラベルなども含めたグループ総額の数字だ。じつは、以前まで楽天市場の流通額は開示されていたのだが、2016年以降はない。それまで開示していた情報を開示しなくなるというのは、「あまりうまくいっていない」可能

性が高いのかもしれない。

2017年12月末時点の楽天市場の出店店舗数は、約4万5000店舗でここ数年はほぼ横ばい。客単価も伸び悩んでいる。1990年代の終わりから急成長を遂げてきた楽天も、アマゾンに品揃えで追いつかれ、価格では対抗するのが難しくなっている。「楽天市場」は曲がり角を迎えているのだ。

もちろん、楽天も物流の弱みを認識しており、アマゾンに対抗するために、てこ入れには動いていた。2010年に楽天物流という専門の子会社を設立。出店業者の配送を取りまとめる物流センターを全国8カ所に設ける計画だったが、その関連会社が解散し、頓挫している。

うまくいかなかった背景には、一気に物流拠点を広げようとしてコストが膨らんだことがある。また、物流センターを建てるだけでは、一朝一夕に機能させることは難しい。商品のピッキングなどの倉庫管理や正確な梱包や発送などはノウハウの塊であり、それを支える情報システムへの投資は膨大なものになる。

楽天の物流拠点は千葉県市川市に2カ所、兵庫県川西市に1カ所の合計3カ所での運営にとどまっており、延べ床面積の合計は15万平方メートル超だ。

一方のアマゾンは、堅実に物流拠点を整備して、日本では現在倉庫が15カ所ある

（2018年6月）。今後も需要に応じて増設をするだろう。開示していない場所があるので延べ床面積はわからないが、アマゾンが2013年9月に稼働した小田原の物流センターだけでも延べ床面積は20万平方メートルだ。小田原1カ所で楽天の全面積を悠々と凌駕している。

配送としては、楽天もアメリカでスマートフォンを介した自動車の相乗りサービスを手がける企業に出資したり、最短20分で届ける即時配送サービス「楽びん！」を始めたり底上げに躍起ではある。ただ、局地的には勝てたとしても、日本上陸以来、長年物流に投資してきたアマゾンをロジスティクスの面でひっくり返すのは難しいのが現実だ。

1990年代末から日本のEC業界をけん引してきたアマゾンと楽天だが、これまでの方向性の違いがより業績に鮮明に表れるだろう。

「物流」はサービスである

じつは、楽天が物流システムを構築しにくい原因も、ビジネスモデルの違いにある。「場所貸し」の手数料で儲けている楽天にとって、直接の顧客はあくまでも出店業者であり、一般の消費者ではない。最終消費者は、もちろん重要な存在であり、「楽天市場」に呼び込む必要性はあるので、ポイント還元などの施策はよくしている。しかし、楽天の売上の中心は、あくまでも出店業者なのだ。**物流は、一般の消費者のためのサービスなので、どうしても後手にまわる。**

一方、アマゾンの直接の顧客は、ＥＣサイトで商品を買う消費者である。アマゾンは物流を、この直接の顧客たちへのサービスの根幹に位置づけた。

アメリカでは物流のために大型トレーラーを数千台レベルで保有し、航空機をリースで用意するほどだ。ベゾスが「アマゾンはロジスティクス企業」と語る理由がもうおわかりだと思う。顧客の要望に応えるのに必要なインフラを整備することが、アマゾンにとっては他社を突き放す武器なのだ。

ＥＣ事業者にとってはサーバーの整備が不可欠なのと同様に、物流の拡充は欠かせない。誰が顧客かということの視点の違いが、両者の明暗を分けることになったのだろう。


ちなみに、２０１７年のアマゾンの日本での事業規模は、売上高が前期比から14・4％増で、日本円にして１兆３３３５億円程度。この売上は、小売業のランキングで5位の三越伊勢丹、大丸と松坂屋を運営するＪ・フロントリテイリングの6位に匹敵する規模だ。

ちなみに、日本の首位はイオンの８兆３９００億円、２位はセブン＆アイ・ホールディングスの６兆３７８億円、３位がユニクロを展開するファーストリテイリングの１兆８６１９億円だ（すべて直近値）。ユニクロはもう、アマゾンの射程圏内に入っている。


ここで、物流に重くのしかかる、再配達問題のことを知っておこう。

年間宅配数の内、再配達される品物は2割ほどだと言われている。数としては、7・4億個に達する。再配達だけで、年間9万人、時間にして1・8億時間が費やされ、そのコストは2600億円にもなる。再配達は、ネット通販会社がこれから解消しなければならない大きな課題だ。

ネット通販の拡大で宅配物が想像以上のペースで増え、物流大手はサービスの維持が難しくなり、アマゾンは4割超の値上げを飲んだと報道されている。当然、コスト増になる。

アマゾンのメインの配送は、ヤマト運輸と日本郵便だが、本来は企業間物流を取り扱う「デリバリープロバイダー」と呼ばれる業者を使ったり、都内では自社専用の物流網を構築し始めている。詳しくは後述するが、このとおりアマゾンは、自前の配送を構築しはじめており、都市部での再配達問題にはすでに取り組みはじめている。楽天も前述のように独自の配送ネットワークを作ろうとしている。物流拠点も現在の3カ所から10カ所に増やす計画だ。**しかし、楽天にとっての「物流」はこれまで自分のお客様のためではなかった。**一朝一夕にネットワークを作るのも難しく、苦戦することになるだろう。

アマゾンの日本での事業規模

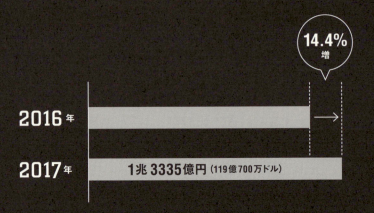

日本の小売業ランキング

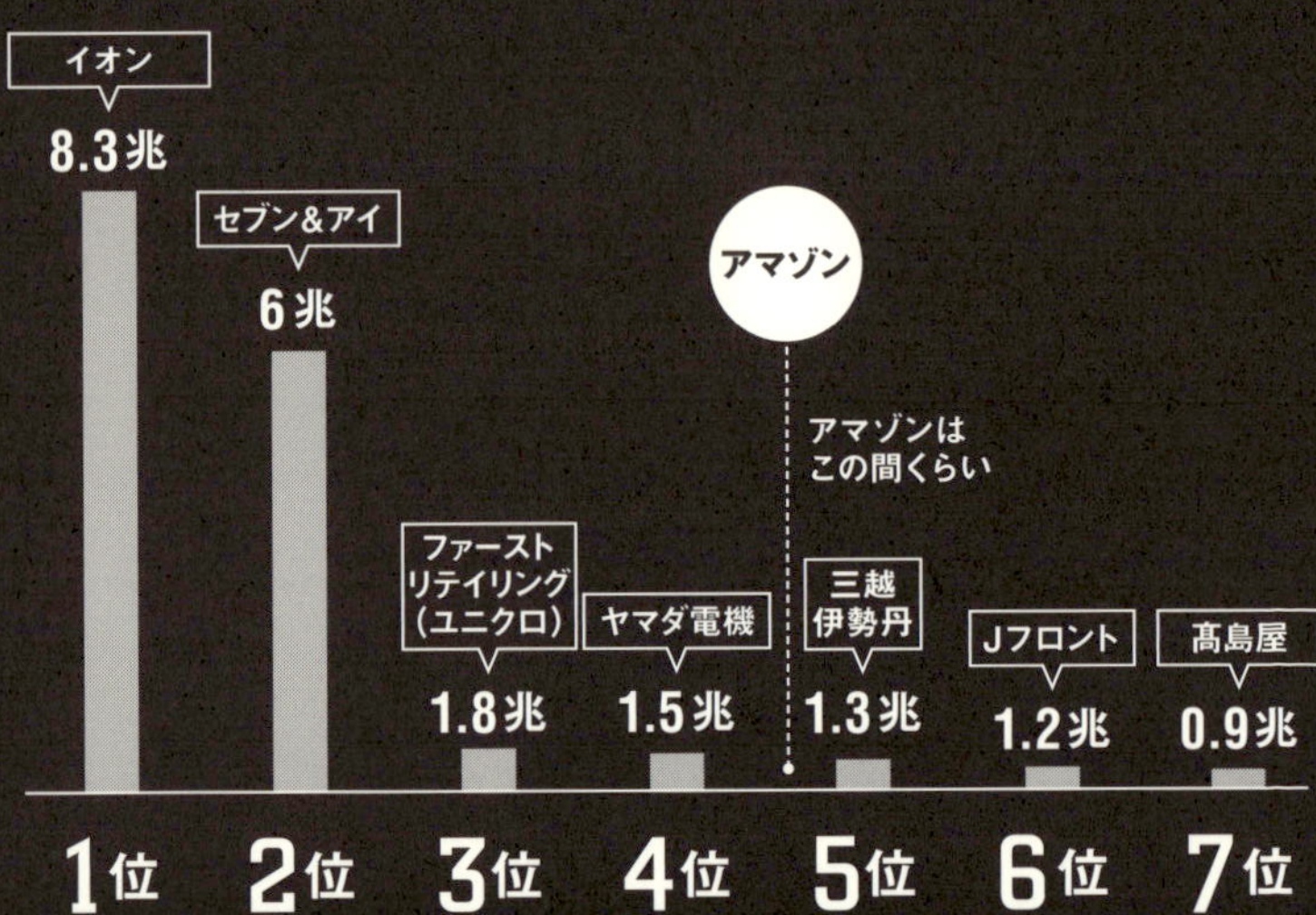

「低関与商品」市場はこれからますます広がる――アマゾンダッシュボタン

「お客様のために」を第一に掲げるアマゾンだが、アマゾンダッシュボタンが出たときに、読者の方々はどう思っただろうか。このボタンは、白い小箱にボタンがついた小型端末だ。洗剤やトイレットペーパーなど生活用品がなくなったときに、そのボタンを押すだけで、アマゾンボタンに書かれている商品が届くというものだ。

もちろん、いつも買う商品がアマゾンの画面を開くことすらせず購入できるのは快適だ。しかし、何か得体のしれない雰囲気を感じ取らなかっただろうか。

じつは、これは「低関与商品」の囲い込みに大きな関わりがある。

「低関与商品」とは、洗剤やトイレットペーパー、紙おむつやお茶など、「日常的に購入するが、とくに思い入れのない商品」のことである。たとえば、普段よく「お〜いお茶」を買っていたとする。しかし、たまたま目の前にある自販機に「お〜いお茶」がない場合、別の自販機を血眼になって探す消費者はほとんどいないだろう。

これら低関与商品を消費者が買うかどうかは、広告、特にテレビCMによって決まるといわれてきた。どれを買っても大差がないから、CMで見た商品が目につきやすいからだ。裏を返すと、低関与商品は消費者にとっては、価格や性能を比較するのも調べるのも面倒だし、あまり意味がないのでCMが効きやすい。**そのため、メーカーは低関与商品には莫大な広告費を投じるというのが、加工食品や日用品業界の常識である。**ちなみにブランドの嗜好を変えるには、消費者1人当たり数万円の広告費がかかるともいわれている。

しかし、アマゾンダッシュボタンは、この低関与商品の定石を覆そうとしている。アメリカの調査会社の調べによると、アマゾンを頻繁に利用する顧客の約5分の1が同じ商品を繰り返し購入しているという。アマゾンは、リピート購買には以前から注目しており、ダッシュボタン以前にも「定期おトク便」がある。よく購入する商品をあらかじめ設定すると、割引価格で定期的に商品が届くサービスだ。

低関与商品の勝ちパターンはテレビなどのCMだといったが、ここ最近、テレビ離れが進んだことで、こうしたことに惑わされない消費者が増えてきている。これはアメリカでは特に顕著で、すでにテレビから日用品や消耗品のCMが減ってもいる。ここを狙っているのがアマゾンだ。

ＣＭに惑わされなかったり、あるいは日用品の数が多すぎて、比較検討することに疲れた消費者たちが、いつもの商品を「たぶん一番安く売っているはずの」アマゾンで買おうという流れは不自然ではない。そんなときにアマゾンダッシュボタンが目の前にあれば便利だ。**こうやって、いつも同じ低関与商品を、店頭ではなくアマゾンで買わせるのがアマゾンダッシュボタンである。**その上、このボタンは「お客様のために」を体現している。ダッシュボタンはアメリカでは２０１５年３月にサービスが始まっており、ボタンのブランド数は、18ブランドから現在は２００ブランド以上となっている。

マーケティングの専門家は、ダッシュボタンにはメーカーの広告費の振り分けを大きく変える可能性があると指摘する。

ダッシュボタンを購入させることで、メーカーは消費者の乗り換えリスクを抑え、他のメーカーがつけいる隙もなくし、自社の商品を買い続けさせる可能性が高くなる。しかも、広告費も大幅に抑えられる。そのためアマゾンは、ダッシュボタンを配布する裏でバックマージンを受け取っているのではという見方もある。

メーカーにとっての恐怖は、ダッシュボタンの電池が切れたときだろう。それは同時にアマゾンにとっては商機だ。ボタンの寿命にはいくつかの説があるが、定期的に利用すれば、せいぜい3年から5年だろう。寿命が切れた後も自社製品を選んでもらうために、メーカーはアマゾンに広告費を出し続けるだろう。

こうやって、低関与商品を巡って、メーカー間による争いが、たぶん数年後に間違いなく起こるだろう。それも、アマゾンという枠組みの中で繰り広げられるのだ。

ダッシュボタンは、消費者のライフスタイルも変えうる可能性を持っている。その上、**忙しい我々の、「何でもいいや」という低関与の幅も広がるだろう。消耗品だけでなく、生活用品の多くを適当で良しと思うのだ。**現在でも、洋服は特別な外出の日以外は、デザインもそこそこで価格も安いユニクロで良いとする人も増えているだろうし、昼食もコンビニのおにぎりやサンドイッチで問題ない人も少なくないだろう。それをアマゾンは狙っているのだ。

値段の問題だけではない。たとえば、かつては個性の象徴であったクルマも、単なる移動手段と捉える人が多くなっている。すでに軽自動車やコンパクトカーはこだわりを持つ対象ではなくなっている。アマゾンに「ワゴンR」や「フィット」のダッシュボタンが登場する日も冗談ではなく、そう遠い未来ではないのかもしれないのだ。

「IoT家電の囲い込みはすでに行われている」

ダッシュボタンはボタンという形で他商品がつけいる隙をなくし、顧客を囲い込むことになるわけだが、ボタンすら押す必要のないサービスをアマゾンはすでに提供している。それが、「アマゾンダッシュリプレニッシュメントサービス（ＡＤＲＳ）」だ。

「ＩｏＴ」という言葉をよく耳にしないだろうか。ＩｏＴとは、冷蔵庫や洗濯機、プリンターなどを直接インターネットにつなげる技術のことだ。

これまでのインターネットは、もちろんパソコンや携帯電話などのＩＴ機器に接続されていた。しかし、それ以外の製品に直接つなげることをいう。

ＡＤＲＳは、そのＩｏＴの機能を組み込んだ機械が、消耗品が少なくなったタイミングでアマゾンに自動的に注文する仕組みだ。プリンターだとトナーやインク、洗濯機だと洗剤が注文なしで自動的に届くようになる。利用者が消耗品の交換時期に気づく前に商品が自宅に届くため、注文しようと考える必要すらない。

近未来的な話に聞こえるかもしれないが、すでに米国では、ブラザーのプリンターやゼネラル・エレクトリックの洗濯機などがＡＤＲＳに対応し、消耗品の残量が減ると自動的にアマゾンに注文している。

日本でも、さまざまなメーカーが、ＡＤＲＳへ連携しようと取り組んでいる。

ＩｏＴを埋め込める可能性があるものはさまざまだ。たとえば浄水器。三菱ケミカル・クリンスイは、カートリッジの交換をスマホに通知する機械を開発している。フィルターを通った水量から交換時期が推測できるそうだ。また、米も自動発注できるようになりそうだ。アイリスオーヤマが、ＩｏＴ炊飯器の実用化に取り組んでいる。こちらは、炊飯回数をもとにするようだ。

もちろん、今消費者が使っている家電製品がすべて入れ替わるには時間がかかるから、これらＩｏＴ家電に取り囲まれて生活するのは、少し先の話になるかもしれないが、家電自体は数年内の売り出しを目指している。

ＡＤＲＳが本格的に実用化されると、ダッシュボタンと同じく、消耗品だけでなく、現在では嗜好品と思われるものにまで広がる可能性がある。
たとえばコーヒーメーカーがネットにつながっていれば、コーヒーメーカーの使用頻度から前回注文したコーヒー豆の残量を計算して、自動で豆の再注文が可能になる。

単純に再注文するだけでなく、バリスタのように好みに合った豆を自動で選び、勝手に注文してくれることになるかもしれない。これも、小売りの世界を変える可能性が十分にある技術だろう。アマゾンにはレコメンド機能がある。購入や閲覧の履歴から出る「おすすめ商品」を購入した経験も読者にはあるのではないだろうか。これから、AI（人工知能）もますます進歩するだろうし、「おすすめ」が精緻化されるのは間違いない。

消費者が積極的に「選ぶ」ことをしなくても、心地よいものが難なく手に入る世界を、アマゾンが画策しているのだ。

もうアマゾンには、絶対に勝てないのだろうか？

ここまで見てきて、アマゾンの圧倒的なサービス力と、近未来を見とおした事業戦略がわかっただろうと思う。

それでは、もうアマゾンには絶対に勝てないのだろうか。そんなことはない。奮闘している企業もある。共通するのは、アマゾンの逆張りだ。

たとえば、書店である。

アマゾンの成長に伴い、書店業界は当然のことながら打撃を受けているが、気を吐く国内企業もある。成長を続けるのがツタヤチェーンを持つカルチュア・コンビニエンス・クラブ（ＣＣＣ）だ。

書店が軒並み事業を縮小する中、２０１２年には紀伊國屋書店を抜き、売上高で首位に立った。躍進の象徴が「蔦屋書店」である。書店をカフェや家電と融合させ、居心地の良い空間を創る。書籍を売るのではなく、ありがちな表現で恐縮だが、空間を通してライフスタイルを売っているのだ。

たとえば、2017年4月20日、銀座六丁目に開業したオフィス兼大型商業施設の「GINZA SIX」の店舗はアートがテーマで、芸術、写真、建築関連の品揃えが豊富だ。日本刀や武士に関連する書籍がまとめられているコーナーには本物の日本刀が展示されている。その日本刀は実際に購入することもできる。

店内に併設されているスターバックスでは、コーヒーを飲みながら書棚に陳列されている本を読める。アルコール類も販売されており、ほろ酔い気分で本を眺めても問題ない。本好きならば半日でも過ごせる作りで、その集客力から、商業施設からの出店要請が絶えないというのも納得だ。こうした空間、体験の提供はオンラインでは展開しにくい。

ただし、じつはアマゾンも書籍販売で、ネットの世界から飛び出ようとしている。2015年10月にシアトル郊外にオープンした「アマゾンブックス」だ。陳列されているのはオンラインでのレビューの評価が4以上の本。本は日本の書店のように背表紙ではなく、表紙がすべて客に向くように並べられている。書籍の下部には必ずレビューが掲載されたPOPがついている。バーコードをスマホで読み取るとさらにレビューが読める。

興味深いのはオンラインの顧客データをフルに使い、「キンドルで3日以内に読めてしまう本」、「欲しい物リストに入っている旅行本トップ5」などのセクションがあること。これはまさにアマゾンならではの見せ方だろう。

また、キュレーターと呼ばれるスタッフも特徴だ。「なにかお探しですか」、「困ったことはありますか」とフレンドリーに話しかけてくる。店内には「スタッフのおすすめ」のコーナーもある。

オンラインでの豊富なデータを活用した棚作りをしながらも、キュレーターという「人」の判断もある。現在、7店舗が営業中で、一部報道によると200店規模の展開も視野に入れているという。日本に上陸することがあれば、既存の書店にはかなり脅威になるだろう。

地域に密着する

高齢化を見越して、より地域に密着した生き残り策もある。

たとえば電気店なら、「街の便利屋」になることで、顧客と密な関係を作り、家電の買い換えや日用品の購入につなげるのだ。すでに大型電気店の一部でみられるが、販売よりもサポートを重視することも、アマゾンとの差別化には有効だろう。

家電の修理はもちろん、水漏れなど日常生活の困りごとにも対応する。「高齢者」や「買い物難民」を対象にしたビジネス、たとえば高齢者の見守りも兼ねた移動販売や買い物代行もひとつの策だろう。

買い物難民は、食料品など日常の買い物が困難な人を指し、一般に最寄りの食料品店まで500メートル以上離れ、車の運転免許を持たない人と定義されている。

経済産業省が2014年に推計したところ、その当時ですでに全国に700万人いたことがわかっている。さらに増えていることは確実だ。若者ならば「アマゾンで頼めばいい」で済むだろうが、現実にはネット通販を使いこなせないアマゾン経済圏から漏れた消費者が存在するのだ。

特に過疎地では問題視されている。移動販売業者は存在するが、零細業者が多く、採算性が悪い。ここにきて過疎地から地方都市にも問題が広がっており、生活協同組合や一部のコンビニエンスストアが移動販売サービスを始めている。

有機野菜などの宅配を手がけるオイシックスドット大地も、これを見越して2016年5月に移動スーパーを手がける「とくし丸」を傘下に収めた。

今後、こうした問題は地方の大都市や首都圏でも早晩起こるだろう。近くに小売店があったとしても、出歩くのが難しかったり、宅配を自分で頼めない高齢者はますます増えていく。

資本力のない中小企業や個人事業主でも、たとえば、都心部の富裕層に限定した買い物代行サービスには商機があるだろう。

効率性が良いビジネスとはいえないが、アマゾンの手の届かない領域でビジネスをするということは、規模の経済が働きにくいということだ。

単価が高いものを扱う

また、ECにおけるアマゾンの特徴は、豊富な品揃えと最強の物流網にあることはわかったと思う。アマゾンが速配を極限まで高めるならば、ライバルたちはその対極にある商品を取り扱えば良いだろう。

たとえば、遠くから、ある程度時間がかかっても顧客が楽しみに待つような商品を強みにする戦略が考えられるだろう。かつ、単価が高く粗利を得られるものだとベストだ。

産地直送品などが候補だろう。実際、ご当地の高級果物などはアマゾンにはまだ浸食されていない。

安い商品を扱うのもいい

もちろん、アマゾン以上に安い商品を売るのも生き残り策のひとつだ。実際、安さの追求で今のところアマゾンに浸食されていない業態がある。100円ショップだ。送料の方が商品よりも高くなる100円ショップのビジネスにアマゾンが参入することはないだろう。

実際、アメリカの100円ショップである「ダラージェネラル」は1万3000店舗を誇る大企業である。ちなみに、日本最大手の「ダイソー」の店舗数は国内3150店、海外1900店舗だから、ケタ違いである。同じく、「ダラーツリー」も「ファミリーダラー」を2015年に85億ドルで買収して1万3000店舗に迫っている。「99セントオンリーストア」を合計すると、なんとアメリカの100円ショップは3万店に迫る勢いである。

amazon

chapter

#02

キャッシュが
あるから
失敗できる

赤字でも株価が下がらない仕組み

第1章では、アマゾンがいかに小売りの世界で規格外の存在であるかがわかったと思う。では、なぜアマゾンが世界の競争原理を塗り替えるような企業になりえたのか。その理由のひとつが財務戦略、つまり、お金をどう扱うかだ。本章ではアマゾンはお金の調達の仕方、使い方も常識外れであることを見ていきたい。

通常、優良な企業は、会社の利益を株主に配当という形で還元する。配当とは、簡単にいえば、事業がうまくいったときに出資者である株主に支払うお金だ。1株につきいくらと決められるので、持っている株式数に応じて受け取れる金額も変わる。

恐ろしいことに、アマゾンは97年の上場以来、株主に配当を一度も支払ったことがない。配当に回すほど利益を出していないからだ。

企業がすべての経費・税金などの支払いを済ませたあとに残る利益を「純利益」と

呼ぶ。この純利益から株主に配当を支払う。現在の株価に対して配当する割合が大きい会社ほど、「配当性向が高い」銘柄といわれ、もちろん投資家から人気が出る。そのため株価が上昇しやすいのだ。

日本の企業で最も純利益が大きいのが、約2兆5000億円のトヨタ自動車である。IT関連業種では、ソフトバンクグループも初めて1兆円を突破した。

アマゾンの場合、純利益は直近だと2017年度の約30億ドルと、トヨタの8分の1程度しかない。じつはこれが過去最高の金額で、2016年度は約24億ドル、2015年度はぐっと減って5億9600万ドル。なんと、2014年度にいたっては赤字だ。赤字の金額は2億4000万ドルである。配当どころではないのだ。なのに株価は高い。アマゾンは、株の配当がなくても魅力的だということなのだが、なぜ利益が出ていないのか不思議に思う読者も多いだろう。

払うべき経費や税金など、すべてを差し引いて残ったものが純利益だとしたら、引く前の最初のお金が売上高だ。ざっくりとだが、売上高はその会社の事業の規模を示す金額だと思えばいい。

たとえば、ソフトバンクの売上高は約9兆円。アマゾンの売上高は、円換算をする

純利益の比較

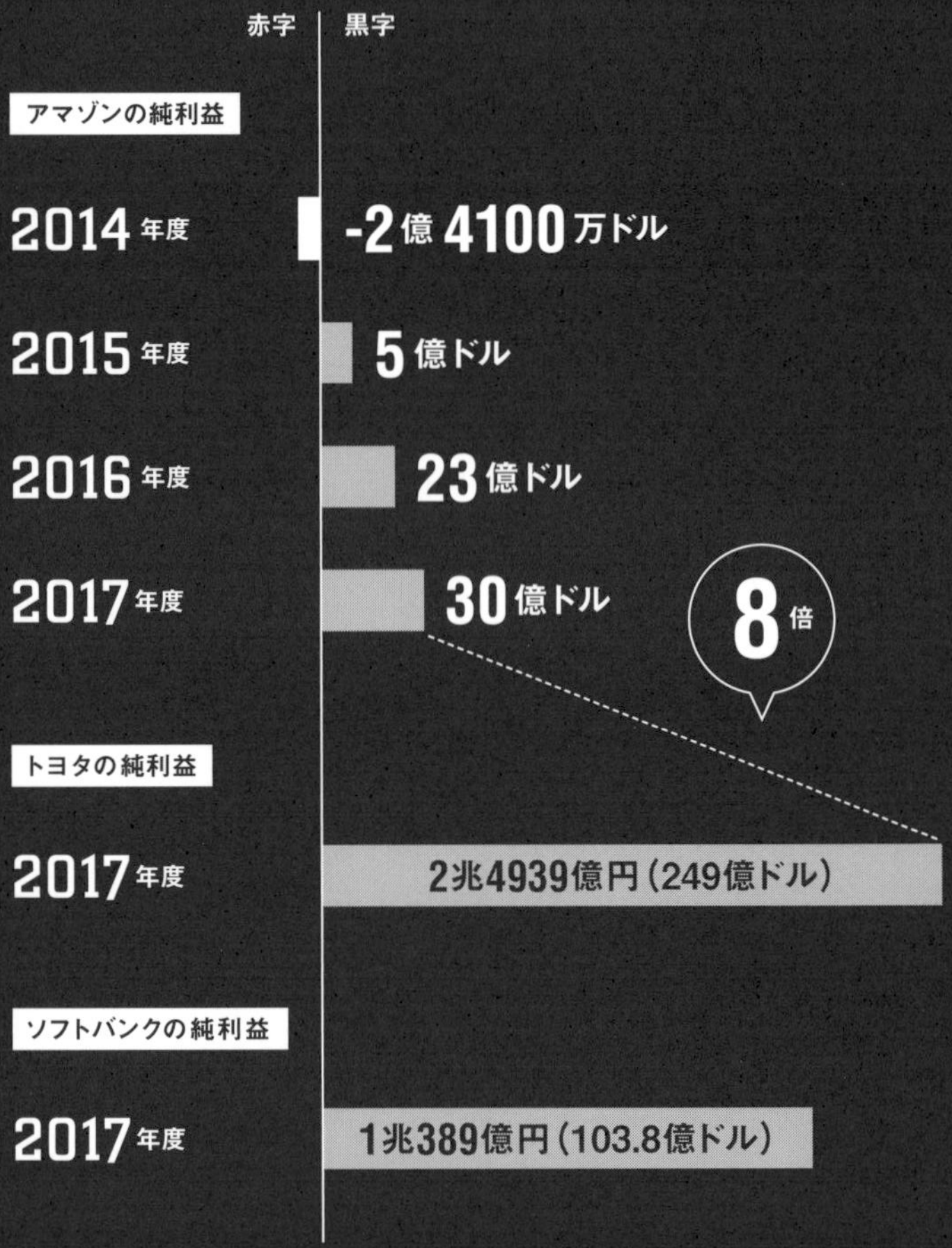
赤字
黒字
アマゾンの純利益
2014年度
-2億4100万ドル
2015年度
5億ドル
2016年度
23億ドル
2017年度
30億ドル
8倍
トヨタの純利益
2017年度
2兆4939億円（249億ドル）
ソフトバンクの純利益
2017年度
1兆389億円（103.8億ドル）

と約18兆円だ。つまり、アマゾンは事業規模がソフトバンクの2倍もある。しかし、なぜか純利益は3分の1程度しかない。

アマゾンは、1997年の上場時が赤字で、その後黒字転換するまでに6年かかっている。最初だけかと思いきや、事業が順調どころか、飛ぶ鳥を落とす勢いになった2010年代に入っても、2012年度、そして先ほど見たように2014年度も赤字である。

トヨタやソフトバンクとアマゾンは業種が違うだけに、単純に比較できない。だが、同じ小売業で比較しても、直近6年では2016、2017年度を除き、セブン&アイ・ホールディングスにも純利益で劣っている。しかし、売上高はセブンの2倍以上ある。いかなる大企業と比べても、アマゾンの純利益が小さいことがわかるだろう。

誰もが知るようにアマゾンは絶好調だ。あらゆるメディアがその動向を報道し、人々の耳目を集めている。どうして、こんなに純利益が小さいのだろう。

2012年度の赤字計上時にジェフ・ベゾスCEOは「(決算上の赤字は) 意図的なもの」と語っている。赤字に胸を張るCEOなどもちろん聞いたことがないが、その言葉通り、利益が少なくても株価は上昇し、市場での評価も落ちていない。201

7年5月にはアマゾンの株価は過去最高値を更新し、1000ドルを突破した。会社の価値を表す時価総額は、2018年には終値で初めてアルファベットを抜いた。★[3]アップルに次ぐ世界2位だ。

普通、これだけ利益率が低いと、市場評価は推して知るべしだが、それとは対照的な評価からも、ベゾスの語る「意図的な赤字」とは決して強がりではないことがわかるだろう。

それでは、この「意図的な赤字」とはどういうことだろうか。

この「意図的な赤字」にこそ、アマゾンが、これほどまでにビジネスを拡大できた秘密が隠されている。

ここで見るべきポイントは、アマゾンの「現金（キャッシュ）」だ。キャッシュがどう動いているかを見ると、アマゾンの姿は一変する。

キャッシュフロー経営という言葉がある。**ベゾスが重視し、アマゾンの成長を支えるのが、このキャッシュフロー経営だ。**

キャッシュフロー経営とは、ひとことでいうと「その会社の現金が、どう調達されて、どう使われたのか」をきちんと把握する経営のことだ。

ひとくくりにキャッシュといっても、キャッシュには、いいキャッシュと悪いキャッシュがある。健全に売上が増えたからキャッシュがあるのか、それとも売上は悪いけれど、借金をしたからキャッシュがあるのか。キャッシュが減るのも同じだ。純粋に売上が悪いからなのか、それとも設備に投資したから減ったのか。質があるのだ。

たとえば、90円で仕入れたボールペンを客に100円で売ったとする。年度末の決算では10円儲かったことになる。

しかし、一方で今日仕入れたボールペンの代金をその場で卸業者に支払ったが、それが売れたのが1カ月後だとすると、その1カ月の手元の現金はマイナスになる。この現金の状態を把握するのが、キャッシュフロー経営である。

「貸借対照表」「損益計算書」には、最終の金額だけを書くから、そのキャッシュの質が果たしていいものなのかどうかがわからない。しかし一般的な会社は、決算書に書かれている数字の方を大切にする。帳尻があっていれば、そのキャッシュの質が悪くても構わない。**一方キャッシュフロー経営は、この「キャッシュの質がいいか」を重視する。**キャッシュフロー経営とは、キャッシュの質をよく見る。ある意味、とてもシンプルな経営だ。

このキャッシュフローも、決算書に書かれないわけではない。これは、「キャッシュフロー計算書」に書かれる。

ほとんどの上場企業の決算書は、決算期日時点でお金をどのように集め、何に使ったかを示す「貸借対照表」、ある期間でどの程度儲かったか損したかを表す「損益計算書」、そして「キャッシュフロー計算書」の順に並んでいる。貸借対照表と損益計算書の順番が逆になることはあるものの、キャッシュフロー計算書は最後なのが通例だ。

試しにインターネットで検索してみればわかるが、トヨタ自動車もソニーも新日鐵住金も日本を代表する企業は、揃いも揃ってキャッシュフロー計算書は最後である。この順番からも、キャッシュフロー計算書が重要視されていないことがわかる。

ところが、アマゾンの場合、キャッシュフロー計算書が、２００３年から先頭に記載されるようになっている。アマゾンがいかにキャッシュフローを重視しているかが理解できるだろう。

そもそも、キャッシュフロー計算書は、２０００年以降日本の上場企業にも開示が義務づけられるようになったが、それ以前は任意だった。キャッシュフロー経営という言葉自体が脚光を浴びたのもこの頃からで、日本では「キャッシュフロー」という単語が入った本が、１９９９年だけで急に20冊以上出版されている。それ以外の年は、ほとんど出ていないことを考えると、日本ではキャッシュフローをそんなに大切にしていなかったことがうかがえる。

★［3］ 18年3月20日（アルファベットを抜いた日）

驚異的なアマゾンのキャッシュフロー

次の図を見てほしい。これは、アマゾンの「純利益」「営業キャッシュフロー」「フリーキャッシュフロー」「売上高」などをまとめたものだ。この4つの点から見れば、その企業が読み解ける。

まず見るのは、営業キャッシュフローだ。営業キャッシュフローとは、単純に売上から仕入れを引いた値だ。ここから、本業が生み出す現金がいくらなのかがわかる。つまり、アマゾンは、右肩上がりに成長しているし、本業がきちんと現金を生み出している。

フリーキャッシュフローとは、営業キャッシュフローから、事業拡大に必要な設備投資などの投資を引いた数値である。つまり、これがその会社がこれから自由に使えるお金だ。借金の返済、社債の償還《しょうかん》、株主への配当など、必要なものを払ったあとのお金のことだ。企業が自由に使えるお金のことだからフリーキャッシュフローと名付

アマゾンのキャッシュフロー

出典：アマゾン報告書

年度	純利益	営業キャッシュフロー	フリーキャッシュフロー	投資キャッシュフロー*	売上高
2004	588	566	477	-89	6,921
2005	359	733	529	-204	8,490
2006	190	702	486	-216	10,711
2007	476	1,405	1,181	-224	14,835
2008	645	1,697	1,364	-333	19,166
2009	902	3,293	2,920	-373	24,509
2010	1,152	3,495	2,516	-979	34,204
2011	631	3,903	2,092	-1,811	48,077
2012	-39	4,180	395	-3,785	61,093
2013	274	5,475	2,031	-3,444	74,452
2014	-241	6,842	1,949	-4,893	88,988
2015	596	12,039	7,450	-4,589	107,006
2016	2,371	17,272	10,535	-6,737	135,987
2017	3,033	18,434	8,376	-10,058	177,866

*その内の設備投資にあてた額

単位：百万ドル

けられた。

アマゾンは、フリーキャッシュフローも２００９年度までは営業キャッシュフローに比例して伸びているが、注目すべきは２０１０年度から12年度にかけて減少している点である。もちろん営業キャッシュフローは伸びているのに、２０１２年度にフリーキャッシュフローは、激減している。

つまり、この時期にアマゾンは、本業で稼いだ営業キャッシュフローのほとんどを投資に回しているということだ。その金額は日本円で数千億円規模と、小売業にしては想像を絶する金額である。


たとえば、純利益が赤字になっている２０１２年度は、投資キャッシュフローは35億９０００万ドルのマイナスだ（表は設備投資にあてた額だから少し数字が違う）。前年度が19億３０００万ドルマイナスだから、大幅に上回っている。投資キャッシュフローとは、キャッシュフロー計算書の項目のひとつで、設備や株（有価証券）などに投資したり、売却したりした額のことだから、基本的にはマイナスの方がいい。ここがマイナスだと、好調の企業であると捉えられる。積極的に投資しているということだからだ。もし、これが反対にプラスならば、経営が不振で資産を売却して現金化していることで、手元の現金が不足している可能性が高い。しかし、いくら投資キャッシュフローがマイナスの方がいいと言っても、思い切りがよすぎる。通常だと考えられない。

積極投資はその後も続いており、２０１７年度は２８０億ドルもマイナスだ。ちなみに、この姿勢は、設備への投資に集中して見られる。設備は、２０１５年度に約45億ドル、２０１７年度には約１００億ドルを投資している。つまりアマゾンは、信じられないくらいの額のキャッシュを持っており、ここ数年、日本円にして、年４５００億円から1兆円の超大型の設備投資を続けているのである。

ＣＣＣがマイナスという魔法から資金が生まれる

では、こうした巨額投資がなぜ可能なのだろうか。もちろん、ＥＣサイトやその他の事業の売上が好調なのはある。しかし、それだけでは説明ができない額でもある。その謎を解く鍵となるのが「キャッシュ・コンバージョン・サイクル（ＣＣＣ）」である。

聞き慣れない言葉だろうが、ＣＣＣとは仕入れた商品を販売し、何日間で現金化されるかを示したものである。このＣＣＣは、小さければ現金を回収できるサイクルが短いということで、手元にキャッシュを長い時間持つことができる。つまり、ＣＣＣは小さければ小さいほどよい。

たとえば、小売世界最大手のウォルマート・ストアーズの場合、ＣＣＣはプラス約12日である。商品を仕入れて販売して、代金を回収するまでに約12日を要するということだ。小売業界の一般的なＣＣＣはプラス10〜20日程度である。

通常、売上代金を受け取るまでの運転資金は、銀行からの借入などで用意する必要がある。

プラス12日で回収できるといえども、売上が大きくなればなるほど、1日に必要な運転資金も大きくなる。売上高が年間5000億ドル規模のウォルマートであれば、その12日間は、決して軽い負担ではない。日本円にして年間60兆円の売上の12日分は2兆円である。ウォルマートは、この2兆円を自己資金か借入金などで捻出しなければならないのだ。

一方、アマゾンのCCCはマイナスだ。つまり、物が売れる前から入金されているのだ。

じつは、マイナスなのは、そんなに珍しいことではない。身近なところでは、その場でお金が受け取れる飲食業などで、CCCはマイナスである。材料や人件費などの支払いが後になるためだ。日本の若者がラーメン屋に新規参入しやすいのも、先にお金が入り、開店時の資金が他に比べて多く必要ない点にある。

たとえば、CCCがマイナス10日だとしよう。その場合、銀行からの借入などもちろん必要なく、10日の間、販売代金を自由に使える。製品を作る前からお金が入っている状態なのだ。

ちなみに、ＣＣＣがマイナスであることが、いかに有利なのかを示す例がある。縮小傾向にある出版業界と、勢いのあるウェブメディアの違いだ。

日本の出版社のＣＣＣは、一般的にプラス１８０日だ。日本の出版社では、卸を通して、だいたい出版から6カ月後に入金されるのが慣例だ。しかし、ネットメディアはＣＣＣがマイナス、もしくはプラスでもかなり短い。

まず、会員サイトの場合、会員費は前払いなので、その分マイナスになる。また、事前に広告を取ってくるとこれもマイナスだ。あるいはウェブ広告がクリックされたらその瞬間（遅くても平均15日後くらい）に入金される。広告自体も、クライアントが作ってくれるから、こちらの費用はゼロである。

ネットメディアの方が、活動するためのキャッシュが構造的に早く入ってくるのだ。ウェブメディアがあっという間に拡大した理由がわかるだろう。

「アマゾンは、商品が発売される30日前にすでにお金が手元に入っている」

ちなみに、米アップルのCCCは、経営危機に陥った1993年度から1996年度まではプラス70日程度だった。しかし、復帰したスティーブ・ジョブズが経営の実権を握ると、CCCは改善傾向をたどり、現在はマイナスで推移している。

アップルのCCCの劇的な改善の背景には、在庫の削減や商品の絞り込み、また、アップルに部品を供給するサプライヤーとの取引条件の変更の可能性が高い。**在庫がなくなればお金になるということだから、通常、CCCをマイナスにするには、在庫管理の見直し、あるいは商品の絞り込みをする。**アップルは、これを徹底し、2001年度以降はおおむねマイナス20日前後を維持している。

CCCがマイナスで推移するということは、製品を作る前から入っている資金で「iPhone」などの開発や販促につぎこむことができるということで、成長の持続が達成しやすい。

アマゾンの場合、このCCCがマイナス28・5日、約30日前後で推移しているのだ。極論すれば、物流倉庫にある商品が販売される30日前にすでに現金になっているということになる。

CCCのマイナスが大きいことこそ、アマゾンが巨額の投資や新たな事業を次々と展開できる源泉なのである。大量のキャッシュが動いていれば決算書の赤字など、どうでも良いことだ。

しかし、アマゾンは具体的にどうやってCCCをマイナスにしているのだろうか。アップルのように、在庫管理の見直しでは、マイナス30日の実現はさすがに難しいと予想される。

CCCをどうやってマイナスにしているか

アマゾンのCCCマイナスのからくりは、もちろんこれも公表していないので全貌は定かではないが、その大きなひとつは間違いなく「マーケットプレイス」だろう。第1章で説明したとおり、マーケットプレイスは、アマゾン以外の業者でも出品できる仕組みだ。このマーケットプレイスでは、消費者からの支払いはアマゾンが一括して受けている。その売上から、手数料を数%差し引いて、数週間後に出品者に返しているのだ。

マーケットプレイスの売上の全額が、まずアマゾンに入金され、それが日を置いて返されるのがポイントだ。この一時の入金を「預かり金」という。アマゾンのCCCマイナスは、「預かり金マジック」が大きいだろう。

公表されていないが、手数料は大きな額ではないだろう。たとえば、マーケットプレイスで出品業者が1000円の商品を販売すると、アマゾンが手数料として10%とっていたとする。最終的に手にするのは100円程度だ。だが、一時的に、アマゾンの手元に1000円が入る。つまり、売上からアマゾンの手数料を引いた「預かり金」を出品者に支払うまでの期間はアマゾンにとって無利子で運用可能な資金になるのだ。

2013年時点での試算だが、ある米在住流通コンサルタント★〔4〕の仮説では、預かり金でアマゾンが無利子で自由に運用できる額は19億ドルに達すると指摘している。これは、支払いまでの期間を2週間と仮定して計算をした場合の数字だ。マーケットプレイスの流通総額を550億ドルと試算し、総額の約9割を2週間後に業者に支払ったとして計算すると、550億ドル×0・9÷1年（365日）×14日＝19億ドル。アマゾンはマーケットプレイスを運営することで、日本円にして、常時2000億円程度の自由に扱えるキャッシュを手にしていることになる。

これはあくまでも2013年時点の推論だ。マーケットプレイスが当時より拡大を続けている現在では、この金額はさらに増えているだろう。

じつは、これはアマゾンのみの専売特許ではなく、他のグローバル企業もこの「打ち出の小槌」を持っている。米アップルの「App Store」や米グーグルの「Google Play」などのアプリも同じような仕組みだ。とはいえ、2017年のApp Storeの売上は約265億ドルなので、2013年時点のアマゾンの半分以下である。アマゾンに比べてぐんと規模が小さい。

ウォルマートも遅ればせながらマーケットプレイスを開設している。これもアマゾンのからくりに気づいたからであろう。ちなみに、楽天をはじめ日本企業はやっていない。日本企業が、馬鹿正直に良い物を作り、設備投資に回してまた良い物を作っている間に、海外の大企業はこのような仕組みでキャッシュを手に入れているのだ。

また、アマゾンのCCCがマイナスの理由としてよく聞く仮説が、アマゾンが圧倒的な商品購買力を盾に、直販分の仕入れ先への代金の支払いの期間をかなり先に設定しているのではというものである。当然その間にキャッシュが使えるというわけだ。しかし、「いくらアマゾンでも、すべての取引先にそこまで飲ませられるか」とも思う。

アマゾンはCCCのマイナスの要因については一切語っていないが、マーケットプレイスに積極投資を可能にした金脈があることは間違いなさそうだ。

★[4]『ダイヤモンド・チェーンストア』、鈴木敏仁「アメリカ小売業大全2013」(2013年10月15日号)

アマゾンの最安値仕入れのカラクリ

ここで少し脱線するが、実際のアマゾン川にはカスケードという滝がある。カスケードとは小さく連なった滝のことだ。地形によっては上流から高低差の少ない滝がいくつも連なることがある。

小売業の方のアマゾンにも「カスケード」と言われるものがある。アマゾンはこの滝のごとく卸業者を取り扱っているのだ。

本や日用品などは、どの卸業者から仕入れようがその中身に違いはない。たとえば、アマゾンが本を１００冊仕入れようとしたとする。その場合、複数の卸業者に対して同時に見積もりをとる。このときもっとも安い価格を提示した業者からまず買い入れる。もしその業者が50冊しか在庫がなかったら、それを全部買う。そして、次に安い価格を提示した卸業者から在庫を全部買う。それが40冊だとしたら40冊全部買う。最後にその次に安い卸業者から残りの10冊を買うのだ。まさにカスケードだ。

結果的に合計した購買費はもっとも安くなっている。このような仕入れの方法は、もしかして当たり前だと思われるかもしれない。消費者がより安い卵やキャベツを求めて複数のスーパーを回るのと同じことだ。

じつは一般の小売店の仕入れでは、こんな単純なことをするのは難しい。卸業者によって、カバーしている地域も違うし、店頭での販売協力なども差が出てくる。そのため、多くの小売店は卸業者を競争させるようなことが難しいのだ。

アマゾンはネット通販だから、地域に縛られることも、店頭での販促協力も関係ない。だから、ただひたすら即時に納入される、もっとも安い商品を、あらゆる取引先から仕入れることができるのだ。

これができるのもアマゾンのシステムのおかげだ。アマゾンは、個別取引のすべてを全自動で行っている。アマゾンが取り扱っている2000万種類を超えるともいわれる商品のひとつひとつを、人力で仕入れることは元々不可能だからだ。

卸業者にとってみると、これだけきっちりと相手に最安値を把握されていたら、営業マンによる交渉も無用になり、呆然と商品の流れを見ているしかない。

競争相手に勝つためには、コンピューターに登録している販売価格を下げるか、取引条件を緩和するしかない。自己資金がある業者は競争に勝つために、支払いは60日後でも良いという条件を出すところもあるかもしれない。アマゾンのＣＣＣの秘密はうかがい知れないが、このような推測もできるはずだ。

売上規模のまとめ

ここで、アマゾンの売上規模をまとめてみよう。

売上高を見ると、2017年度は約1800億ドル。前年に比べて30・7％増え、創業時からざっと35万倍に成長している。

ちなみに、2014年度から2015年度の売上高も20・2％増えている。普通、10兆円規模の企業になれば成長が鈍りそうなものだが、そんなことはお構いなしに年間20％以上の成長を保っているのだ。

グーグルの親会社のアルファベットも、2016年度から2017年度の売上高では前年比22・8％の成長を遂げている。どちらも同じくらいの成長だ。ちなみにアップルの同時期の成長は、6・3％増だ。iPhone、iPadの販売にかげりが見え始めている。

アマゾンの売上高

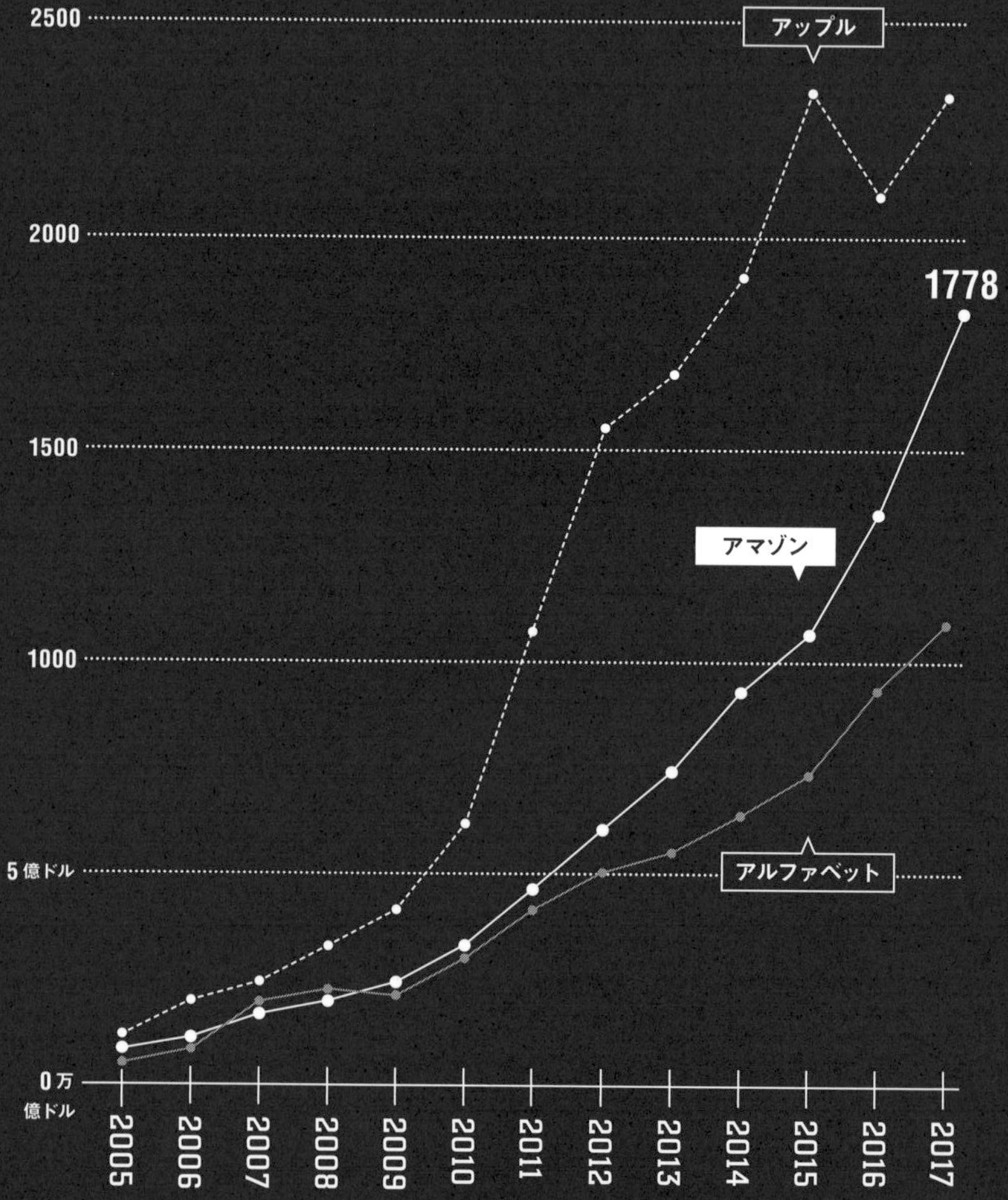

（アルファベットのみ9月期、他はいずれも12月期、すべて年度）

アマゾンの売上の内訳

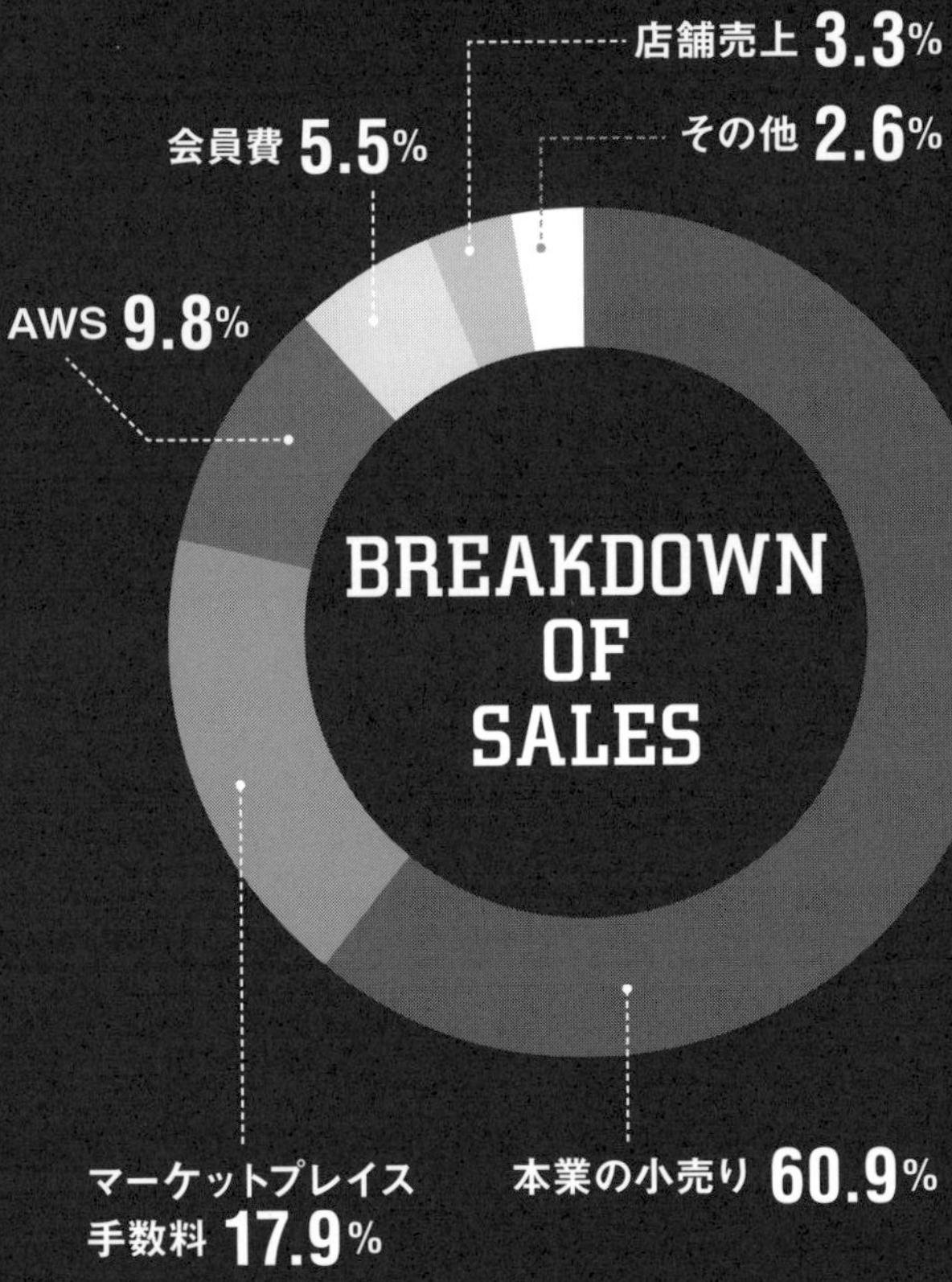
店舗売上 3.3%
その他 2.6%
会員費 5.5%
AWS 9.8%
BREAKDOWN OF SALES
マーケットプレイス手数料 17.9%
本業の小売り 60.9%

アマゾンの売上は、本業の小売業が、全体の60・9%を占める。これには動画や音楽のコンテンツ販売も含む。

次に大きいのが「マーケットプレイス」の手数料収入で17・9%。この次の章で説明する「アマゾンウェブサービス(AWS)」が9・8%、有料会員サービス「アマゾンプライム」などの会員費など定期収入が5・5%と続く。

そして、すでに述べたように、アマゾンの営業利益は小さい。営業利益は2017年度は41億600万ドルだったが、3期前の2014年度は1億7800万ドルに過ぎない。営業利益とは、売上高からさまざまな費用を引いたもので、年度ごとに極端な差がある割に、アマゾンの利益は一律小さいことはすでに述べた。

アマゾンは、1997年の上場から20年間の累積利益が約50億ドルほどだ。キャッシュフロー経営を極めた会社が、アマゾンなのだ。ちなみに、アルファベットは2016年までの過去5年間で900億ドルを稼いでいる。これほど少ない利益でこの規模に達した企業は歴史上、他にない。あるとしたらローマ帝国くらいである。この決算上の利益の小ささこそがアマゾンの強みなのである。

営業利益とは

売上高－（原価＋販売費）＝営業利益

その企業が本業でどのくらい儲けたかを表す指標

アマゾンの初期の株価はずっと低かった

ちなみに、キャッシュフロー経営が認められるまでの歴史は、株価を見てもわかる。

アマゾンが上場した株式公開日の初値は18ドル。ネットバブルの追い風もあり、しばらくは右肩上がりに高騰したが、赤字経営が続いたので株価は下落。落ちていく株価を食い止めようとして、分割を繰り返し、現在12株になっている。

ちなみに、株式の分割とは発行する株式の流通量を増やしたいときなどに利用される方法だ。分割すれば、1単位当たりの必要投資額が小さくなるので、投資家が買いやすくなる。その結果、新たな買いが増えて、株価上昇につながることが多い。

アマゾンの株式を1997年に18ドルで買った投資家は、現在の1株を1・5ドルで手に入れた計算になる。

現在、アマゾンの株価は当初の1252倍だ。もしも100万円アマゾンの株を買っていれば、現在12億5000万円ほどになっていた計算になる。しかし、きっと20年間アマゾン株を持ち続けた投資家はいないだろう。

ダウ・ジョーンズの報道によると、アマゾンは上場後の20年のうち、16年の間で年間20％超株価が下落した。

08年の金融危機の最中には64％急落。ITバブルがはじけた1999年12月から2001年10月には95％も下がっている。嵐のような株価下落だ。

「投資の神様」と称されるウォーレン・バフェットですら、2017年に自身が経営する投資会社の年次株主総会でベゾスについて「すばらしさを過小評価していた」とし、同氏が成功するかどうかは「まったくはっきりしなかった」と述べたほどだ。

誰もアマゾンが「アマゾンエフェクト」と恐れられるほどに巨大になるとは思っていなかった。だが、株価は右肩上がりで、大量の自社株式を保有するベゾスは2018年にフォーブズの世界の長者番付でトップに躍り出た。

現在の投資家は、従来のものさしでは測れないこの企業を評価している。とはいえ、本当に投資家たちがアマゾンを理解しているかは怪しいことこのうえない。先述したように、ベゾス自身がわかっていないのだから、第三者が未来についてわかるわけがないではないか。

NARUKE'S
EYE
アマゾンをこう見る
・02・

ローマ帝国と江戸時代に似ているアマゾン

アマゾンは他に類がない企業である。アマゾンのビジネスモデルを知れば知るほど、この思いが強くなる。だが、歴史をふり返るとアマゾンに似たような支配・統治形態がないわけではない。すでに述べたローマ帝国だ。

アマゾンは何の会社か。ネット通販もしていれば、世界首位のクラウドサービスの提供企業でもある。だが、ジェフ・ベゾスの言葉を借りれば、「アマゾンはロジスティクス企業」ということになる。ロジスティクスとは兵站であり、兵站とは、戦場で軍の活動を維持するために、必要な軍需品や兵を前線に送り支援することを意味する。歴史上、この兵站を重視して勢力を拡大したのがローマ帝国だ。

アマゾンの強みはCCCにある。CCCは小さければ小さいほど資金繰りに余裕が出る。

商習慣を変えたり、取引条件を自社に有利なようにしたりなど、各社はCCCを縮めようと必死だが、**忘れてはいけないのは、モノを仕入れてから売るまでの期間を短くすることが最も重要であることだ。**そのためには当然、物流への投資が必要だ。

アマゾンは物流センターやトレーラー、航空機を保有するまで、きめこまかい兵站線を構築している。**ベゾスは事業を伸ばすというより、兵站線の充実に力を注ぐことで巨大な経済圏を構築してきたのだ。**

アマゾンをローマ帝国になぞらえるのはロジスティクスの観点からだけではない。地方分権が確立して、ゆるやかな統治形態をとっていることもローマ帝国に似ている。

ローマ帝国は、征服した地域にまず自治権を与えた。その後、そのエリアを守るために軍隊も差し向けて支援した。そして、徴税と兵役を課した。征服された地域にとっては自前で軍隊を維持するよりも安い金額だ。ローマ帝国が大きくなった理由がわかるだろう。

アマゾンの各事業は事業ごとに独立して、利益を追求している。もちろん、これらは他の企業にもある形態だが、ベゾスはそれらをあえて自らコントロールしようとしていないように見える。

あくまでも推測だが、そもそも事業と事業の相乗効果を見込んで事業展開していない可能性が高い。どう考えても採算性が悪いし、最近まで鳴かず飛ばずだったネットでの生鮮食品通販など、勢いで始めたようなサービスも少なくない（そしてなぜか撤退しない）。

56ページでも言及したが、アマゾンが急成長をしている理由のひとつに、自らコントロールせずに、事業部に裁量を与えることで、現場で素早い意思決定ができるということがあった。これによって、各事業の管理コストも安くなる。**物流網の整備とゆるやかな統治がアマゾン繁栄の理由だ。**

ちなみに、もうひとつ歴史上似ている帝国がある。江戸幕府だ。江戸時代は、交通網が整備され、広域での往来やモノのやりとりが発達した時代だった。そして、各藩に統治を任せた。一国一城の主という権限を与えながらも、参勤交代であくまでも徳川幕府の一藩という自覚を与えた。最小限のコストで、広いエリアを支配する。地方自治制は賢いやり方だ。アマゾンは現代のローマ帝国であり、現代の徳川幕府といっても良いのかもしれない。

「どんなに苦境でも、利益はすべて新規の投資にまわす」

ここまでで、アマゾンの圧倒的なキャッシュフロー経営がわかったことと思う。莫大なキャッシュを、たとえ赤字になっても、株価が下がっても惜しげもなく常に新しいインフラや新規事業に投資することが、アマゾンの大きな特色だ。ベゾスはこの間どう株主やメディアに対して振る舞っていたのだろうか。

さきほど、ITバブルがはじけた2000年前後に、アマゾンの株価も大きく下がったと述べたが、この2000年がアマゾンの窮地だった。

この時期、米国の景気は沈静化していた。ドットコム企業と呼ばれるネット企業の赤字は止まらず、インターネット銘柄のバブルは崩壊していた。アマゾンも危機を囁かれ、アマゾン・ドット・ボム（爆弾）と揶揄されるようになる。いつ破裂するかわからない存在だったのだ。

2000年6月末には投資銀行のリーマン・ブラザーズが、アマゾンは債務超過の瀬戸際にあると警告。すでにアマゾンの株価が約50%落ちていたところに追い打ちをかけて警告灯がともったから、アマゾンの株価はさらに20%も下落した。

当時、ナスダックでは6月から8月までの間に社名にドットコムがつく会社が4社も姿を消していた。

ここで驚くべきなのは、当時アマゾンは利益を生み出していないのにもかかわらず、1999年からの1年間で倉庫を2カ所から8カ所に急拡大していることだ。倉庫の面積は約3万平方メートルから約50万平方メートルに増えた。

赤字を垂れ流しても、事業拡張に投資を続けるという現在のアマゾンの原型はすでにできあがっていたのだが、当時は有象無象の新興ネットベンチャーが数多く倒産していた時期であり、経営を不安視する声が高まっていた。

しかし、外部からの評価が低い中でも、当時からベゾスの姿勢はまったくぶれていない。『日経ビジネス』のインタビューでもきっぱりと言い切っている。

「短期的利益を得たい投資家には恐ろしい現象でしょうが、やはり長期的な視点が大切だと思います」

「アマゾンの投資家は私たちに長期展望を持ち、正しい経営を求めています。それこそ（成熟した事業で出た黒字を）新しいビジネスに向けることなのです」

アマゾンの純利益は、1995年に30万ドルの赤字だったが、99年には7億ドルの赤字に膨れあがっている。市場の評価は辛辣で、格付け機関のムーディーズとS&PはともにアマゾンにCランクをつけている。Cランクというのは投資に値しないという評価だ。

当時のメディアも総じて、売上が増えても赤字が続く経営体質や、急速な事業の拡大に懐疑的な姿勢だった。日本の経済誌、たとえば『日経ビジネス』も「ネットの旗手か、バブルの寵児か」と特集を組んでいる★[5]。

ベゾスは投資家に「我々には、長期間にわたって誤解される覚悟がある」と語り、会社として長期的な優位性を確立するために、インフラ構築に大々的に投資し続けた。いまでは、投資家の大半は、アマゾンがテクノロジーを用いて既存の産業が抱える課題を解決してきた実績を見て、ほとんど利益を出さないことを問題視することはなくなっている。アマゾンに利益を求めず、成長とビジョンを求めるようになっているのだ。**アマゾンの姿勢は何も変わっていない。変わったのは、外野の視線だけだ。**

同じくアマゾンは当時から金融やコンピューター事業への野心を隠していなかった。大変な情勢の中でも、ベゾスはどこ吹く風で新事業の構想を練り続けていたのだ。

★[5] 2000年7月3日号

「キャッシュフロー経営」という言葉は、たぶんベゾスの言い訳

「赤字になっているのは、将来への投資が原因。今の業績は重要でない」

これがアマゾンの「キャッシュフロー経営」のベースともなっているが、じつは彼の専売特許ではない。1990年代後半、IT企業の多くの経営者は、みんなこう口を揃えていたのだ。

1990年代後半、アメリカのITバブルはすさまじかった。ネットスケープコミュニケーションズが1995年に赤字にもかかわらず株式公開したのを皮切りに、ネット関連の事業であれば、どんなアイデアであろうが、経営状況が悪かろうが資金が調達できた。

投資家たちも新進気鋭の経営者たちの「赤字は投資が必要だから」という主張を歓迎していた。今思えば、インターネットの将来性への期待とバブルの過熱感から、IT企業が赤字であることを無理矢理、納得しなければやっていられなかったのかもしれない。

そして期待は期待で終わった。黒字になるどころか多くのネット企業は赤字が膨らみ続けた。

そんな時代の2000年、ベゾスはずっと「投資が必要だから」を強調していた。もちろん、当時は投資家を含めて多くの者にとって、ベゾスは言い訳しているようにしか聞こえなかった。

私も、どう肯定的に捉えても、苦し紛れの発言だったという印象がぬぐえない。

しかし、アマゾンは巨大帝国になり、この経営手法は今や、ビジネススクールの教科書にもとりあげられている。2018年現在、ベゾスの主張は創業以来、一貫性があるとも言われているが、ただの言い訳だった可能性が高い。当時は業績が上向く気配はなく、将来のための投資といっても販売品目の拡充やアメリカ以外での事業拡大が中心。多くのネット通販企業と大きな差があるものではなかったのだ。

もちろん、この後に、クラウドサービスのAWS（アマゾンウェブサービス）という金の卵を見つけるのだが、それは倒産の危機を乗り越えた後の話である。窮地を強気な「言い訳」で乗り切った後のAWSの大成功が、ベゾスのそれまでの発言を正当化させたといえよう。

amazon

chapter

#03

アマゾンで一番利益をあげているAWS

アマゾンのほとんどの儲けをたたき出す、知られざる巨大ビジネス

第1章ではアマゾンの小売部門のすごさを、第2章ではキャッシュフロー経営を分析してきたが、アマゾンの本当のすごみは別にある。それが、アマゾンウェブサービス、略してAWSと呼ばれる事業だ。AWSは、すでにケタ違いの儲けを出しているが、これからのアマゾンの成長をますますけん引する事業といっても過言ではない。

AWSは、クラウドサービスを提供する事業だ。IT業界ではアマゾンは世界最大の、企業向けクラウドサービス提供会社として認識されている。

このAWSは、クラウドコンピューターの世界にまさに革命を起こしたといってもいい。簡単にいうと、企業のサーバーやソフトウェアを、より安価なウェブベースの代替品に代え、ITの世界を一変させたのである。

クラウドサービスとはサーバーを提供するサービスのことである。

ビジネスマンは、自分の会社のパソコンを使用するときに、必ずサーバーにお世話になっている。経理なら財務会計システム、営業ならば顧客データベースを使っているかもしれないが、これらのシステムも、サーバーに接続することで使える。しかし、そのサーバーがどこにあるのか、誰が運用しているのかなど特に知らなくてもそのシステムは使える。

大きな企業はそれぞれ独自のサーバーを持っている。たとえば日本の銀行は、伝統的にシステムを自社の大型コンピューターで運用するのが常識だ。入出金データなどのシステムに不具合が発生すれば、信用問題につながるからだ。自社オリジナルのサーバーの開発のために数年をかける。投資金額も数千億円になる場合もあり、コンピューターを販売する企業にとっては、銀行は超お得意様だった。

しかし、ＡＷＳは巨大なサーバーを用意し、その中のシステム（高度なデータ解析やＡＩを活用したサービスなど）をオンラインであらゆる企業に提供する形にした。ＡＷＳのクラウドサーバーを共有すれば、企業はわざわざ自社内にサーバーを置く必要がなくなる。それぞれの企業が独自にシステムを開発し運用するよりも、はるかに安いコストで高性能なシステムが使えるようになるのだ。

ネットワークの仕組み

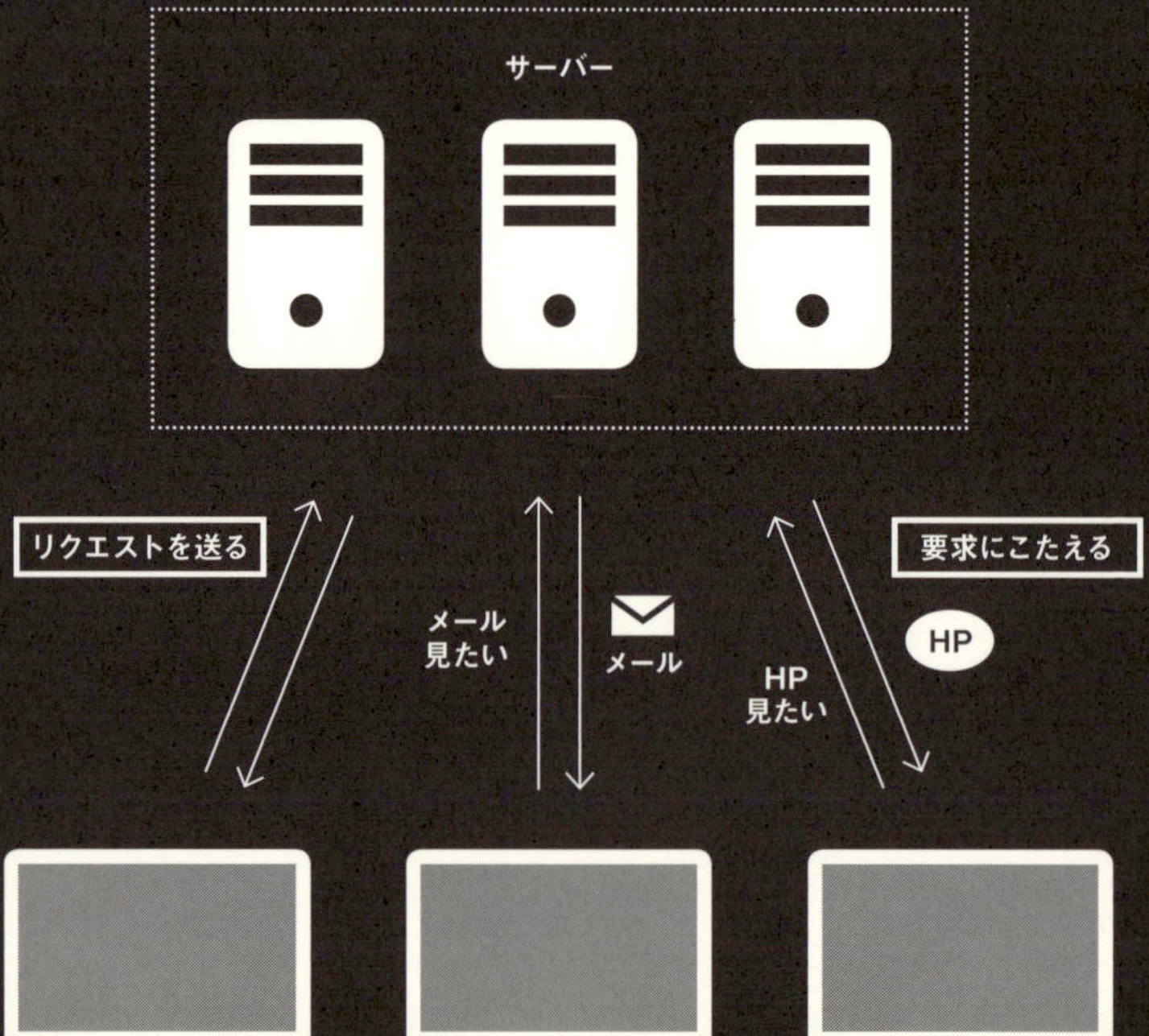

AWSの仕組み

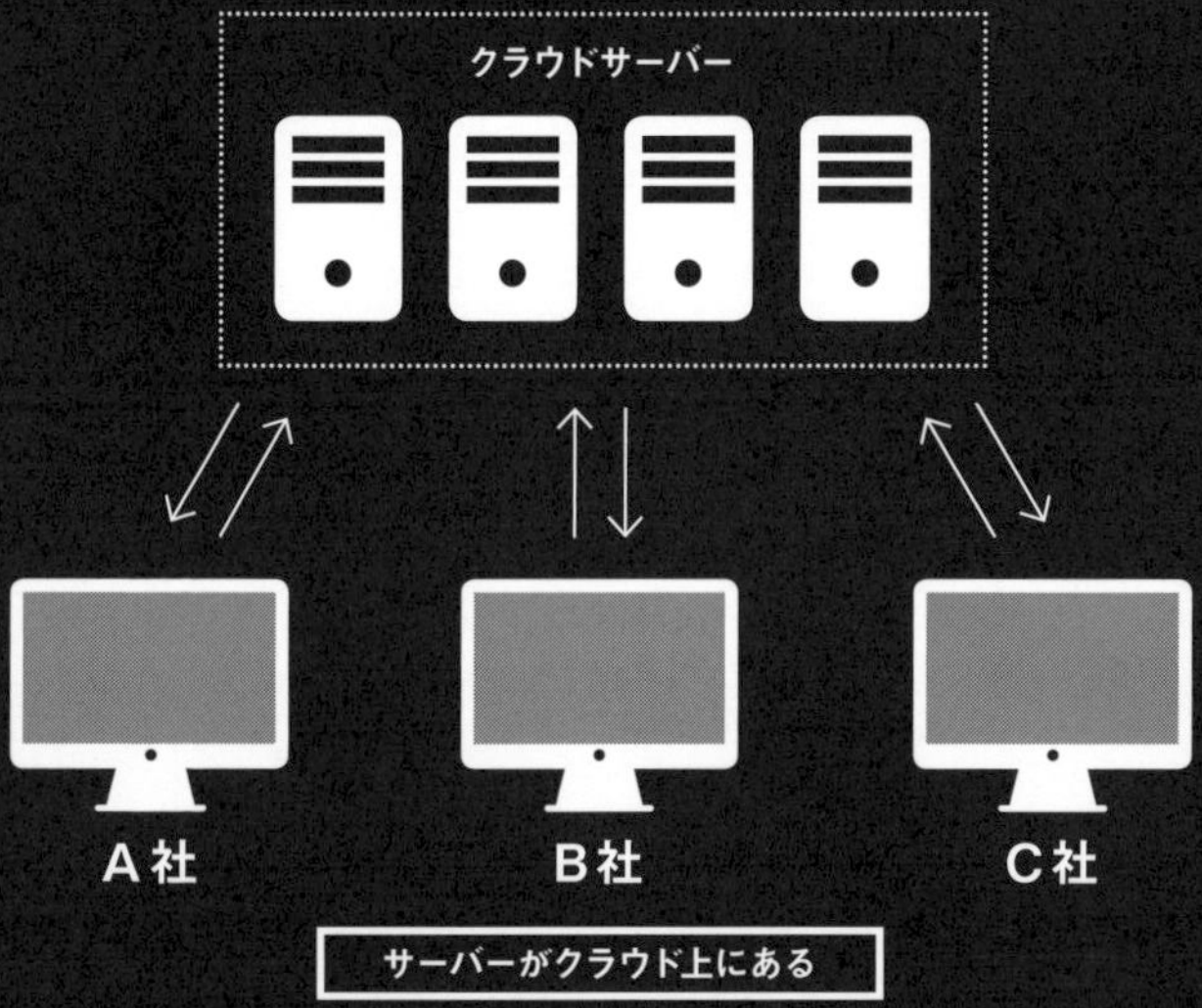

これまでの仕組み

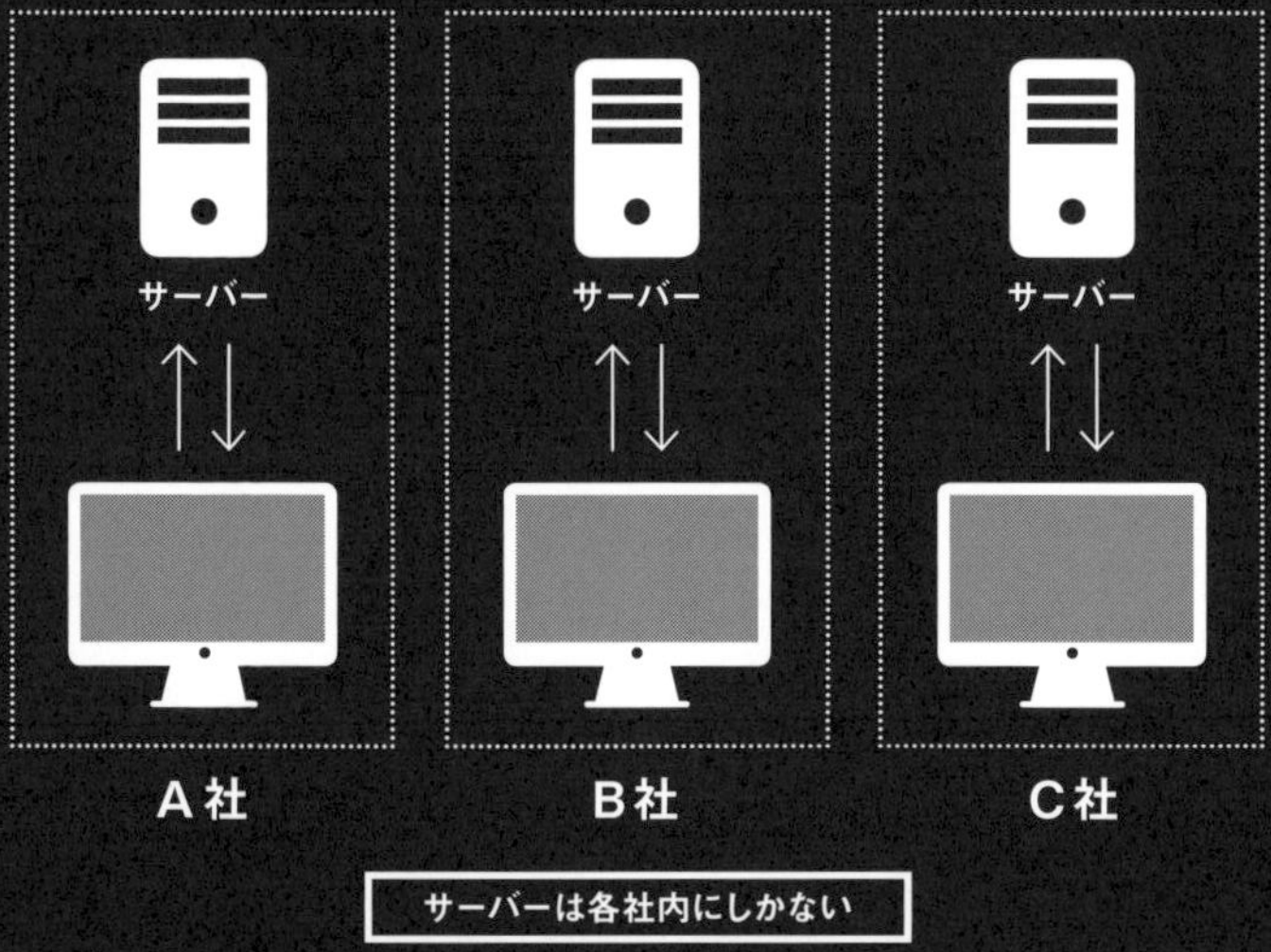

また、クラウドサービスは、大きくすればするほど、コストが削減できる。たとえば日本企業であれば、深夜にはコンピューターはほとんど使わない。しかし、時差があるニューヨークにある企業は、日本で使っていない深夜帯に同じサーバーを利用することができる。こうしてコンピューターの減価償却費や電力コスト、メンテナンスの人件費などが抑えられる。これを地球上の無数の企業に展開すれば、さらに安くなるというわけだ。

他にも利点はある。たまに、新製品の発売日などに、企業のウェブサイトにアクセスが集中しすぎてサーバーがダウンしてしまったという話を聞かないだろうか。

企業は、通常こういった特別にサーバーの処理能力が必要な日——発売日やネット上でのセールの日、あるいは銀行の給与振込日など、アクセスが集中するような場合に備えて、日常に使う能力の倍以上のサーバーを持っている。さもなければ、誰もが知りたい大きな事件が起こったときにオンライン新聞が読めなくなったり、年末年始に鉄道切符の販売が止まってしまうことも起こりうるだろう。

しかし、世界中の企業が超大型のサーバーを共同で利用した場合、そんなもったいないことはしなくてよくなる。

また、自前でサーバーを調達すれば、経年劣化し保守コストがかさむようになるが、AWSならばメンテナンスはアマゾンが行うため、企業は常に最新のサービスを利用できる。事業が成長したときには、容量も柔軟に変更可能だ。

現在ではアマゾンにAWSを利用する申し込みをしてから15分程度で数千台のサーバーを利用する体制が整うという。自前のサーバーを大金をはたき、何年もかけて用意するのが馬鹿馬鹿しくなってくる。

システムも、ジャンルを問わず豊富な種類で用意されている。次ページの図を見てほしい。労務の手続きや給与計算をしてくれる人事のシステムから、データ分析、画像解析などを使って飲食店の利用客を分析したり、農業に使えるものもあるのだ。

アマゾンは小売りのノウハウもすごいから、AWSが持っているシステムの方が、自社で開発するよりも便利だったりもする。今までは自分用にカスタマイズして作っていたのが、AWSのルールに乗った方が効率がいいこともある。

ビジネスマンの中にはアマゾンと自分は無関係だと思っている人もいるかもしれない。しかし、もはや世界中の企業が、AWSを組み込みつつあるのだ。ちょっと利用した飲食店やアプリがAWSに関わっている。我々の生活は無意識にアマゾンに支えられ、好き嫌いを問わず関わらざるを得なくなっている。

こういったクラウドサービスにおいて、もはや、この分野ではアマゾンに対抗でき

AWSのシステムの例

人事労務システム
新しく
採用した人の
情報を入力
書類が
自動作成され、
各申請が簡単に
回転寿司
入り口のタッチパネルで
大人と子どもの数を入力すると、
オススメのネタが優先的に流れる
広告・宣伝
近くにいた人のスマホに
セール情報を流す
2割以上が買い物
農業
ビニールハウス
温度や日光量を収集、分析

るのはマイクロソフトだけだといい切ってもいい。ＩＢＭやヒューレット・パッカード（ＨＰ）も、かなり後れをとっている。

なぜ、ＡＷＳが大手ＩＴ会社より選ばれるのか

なぜＡＷＳは、ＩＢＭやヒューレット・パッカードなどの本家ＩＴ会社を追い抜き、これほどまでに成長したのだろうか。それは、そのサービスが革命的だったからだ。

ＡＷＳは「クラウドのデパート」と呼ばれる。ＡＷＳが安く、すぐに使えるサービスを揃えているからである。これにつきる。毎年、機能強化や新サービスを驚くべき価格で打ち出している。

一方、競合のヒューレット・パッカードは２０１５年に撤退。ＩＢＭはデータの保存サービスも手がけているが、最近はデータ分析など比較的利益の大きいサービスに舵を切っている。

対するＡＷＳのサービスは、２０１５年には細かい機能更新を含めれば７２２種、２０１６年は１０００種を超えた。２００６年のサービス開始から10年以上経っ

たが、技術革新の速度は落ちるどころか、むしろ増している。ベゾスが目指しているテクノロジー会社の本領発揮といったところだろう。

価格競争力も高い。サービス開始からの約10年でなんと60回以上値下げしている。サーバーを大量に調達し、コストを下げ、新たに顧客を呼び込むことでますます価格を下げ続けているのだ。**このジャンルでも、アマゾンお得意の規模のメリットを最大限に発揮し、顧客への還元を続ける。**これでは、競合他社に勝ち目はない。

ＩＴ界ではデファクトスタンダード（事実上の標準）を握った企業が優位になり、技術開発は加速する。これまでも、大型コンピューターでＩＢＭ、パソコン用ＯＳでマイクロソフト、半導体でインテルが圧倒的な地位を築いてきた。クラウドの世界は、アマゾンがその覇者になろうとしている。

AWSの顧客はCIA

ＡＷＳの顧客にはそうそうたる企業が並ぶ。もちろんジャンルもさまざまだ。ゼネラル・エレクトリック（ＧＥ）やマクドナルド、ネットメディアのバズフィードや民泊のＡｉｒｂｎｂ（エアビーアンドビー）、ネットフリックスまで名を連ねている。

ネットフリックスなどは、動画配信事業でアマゾンと競争領域が重なる。ネットフリックスの有料会員数は１億２５００万人を超え、最近はコンテンツ配信にとどまらず、制作会社として規模を拡大していることも同じだ。２０１８年内にはコンテンツ全体の50％をオリジナルが占めることを見込んでいる。アマゾンのまごうことなき競争相手である。しかし、たとえ競争相手であろうと、事業構築のためのインフラを積極的に提供するのがアマゾンらしい。

ＡＷＳの大きな転機となった顧客がいる。米中央情報局（ＣＩＡ）である。２０１

3年に、6億ドルで4年間の契約を結んだ。米航空宇宙局（NASA）なども顧客であったが、CIAの受注先が変わったのは衝撃だった。政府機関の仕事は、IBMのような昔からの大企業が独占的に受注してきたからだ。

IBMは政府に再度検討するよう求めたが、米連邦裁判所が「AWSのオファーの方が技術的に優れており、競合の結果は、接戦とは言いがたいほどかけ離れていた」とIBMの要求を退けたから、これはある意味宣伝効果がすごい。AWSの信用に政府、それも機密情報を取り扱うCIAがお墨つきを与えたことで、多くの公的機関や企業がAWSの導入に向け、より前向きに動き出すことになった。

日本でも日立製作所やキヤノン、キリンビール、ファーストリテイリング、三菱UFJ銀行、スマートニュースなど業種を問わず、大企業から新興企業まで続々とAWSを導入し始めている。

サービスの本丸にクラウドを使っている企業もある。あまり知られていないが『毎日新聞』のニュースはAWSのサーバーを使っている。2015年からデジタルサービスの中核であるニュースサイトをAWSで運営しているのだ。

それまではニュースサイトで新たなサービスを展開する際には、まずサーバーなど必要な機器を調達する稟議書を書き、承認を得て機器を導入し仕組みを構築する必要があった。しかし、AWSだと小さな投資で始められ、新たなサービスをネットで始めたい場合など、柔軟に拡張できるようになった。システムを保守、管理するために必要な費用も半減できたという。

三菱UFJ銀行もAWSを採用している。全体で1000のシステムがあるが、サーバーの保守が切れたシステムから順次AWSに移行し、将来的には半分をクラウド化する方針だ。

クラウドの利用とは対極にあると思われた銀行、それも国内最大のメガバンクがAWSの導入に踏み切ったことはAWSの信頼性とセキュリティーの高さを証明している。日本の企業の導入も一気に加速する気運が高まってきており、これからもAWSは成長を続けていくだろう。

「AWSの営業利益が、別部門のための投資資金になる」

２００６年に提供を開始したＡＷＳは、現在では、日本を含む世界１９０カ国（世界14の地域）でサービスを展開している。１７０ページにグラフをのせたが、売上高はここ数年、前年比約50％増の高成長とものすごい。２０１７年の売上高は日本円にして2兆円程度だ。

１７２ページの図を見てほしい。アマゾンの会社全体の売上高は２０１７年に１７７８億ドルだ。ＡＷＳの会社全体に占める売上高は、１７４億ドルと１割にも満たない。ここで、ページ下のアマゾンの営業利益を見てみよう。

ＡＷＳの営業利益は、２０１７年に43億ドル。前年に比べて約４割増えた。アマゾンで最大の事業規模（売上高はＡＷＳの約６倍）である北米のネット通販事業の営業利益は28億ドルの黒字だが、北米を除くネット通販事業（ＡＷＳの約３倍）はなんと30億円の営業赤字である。

AWSの売上高

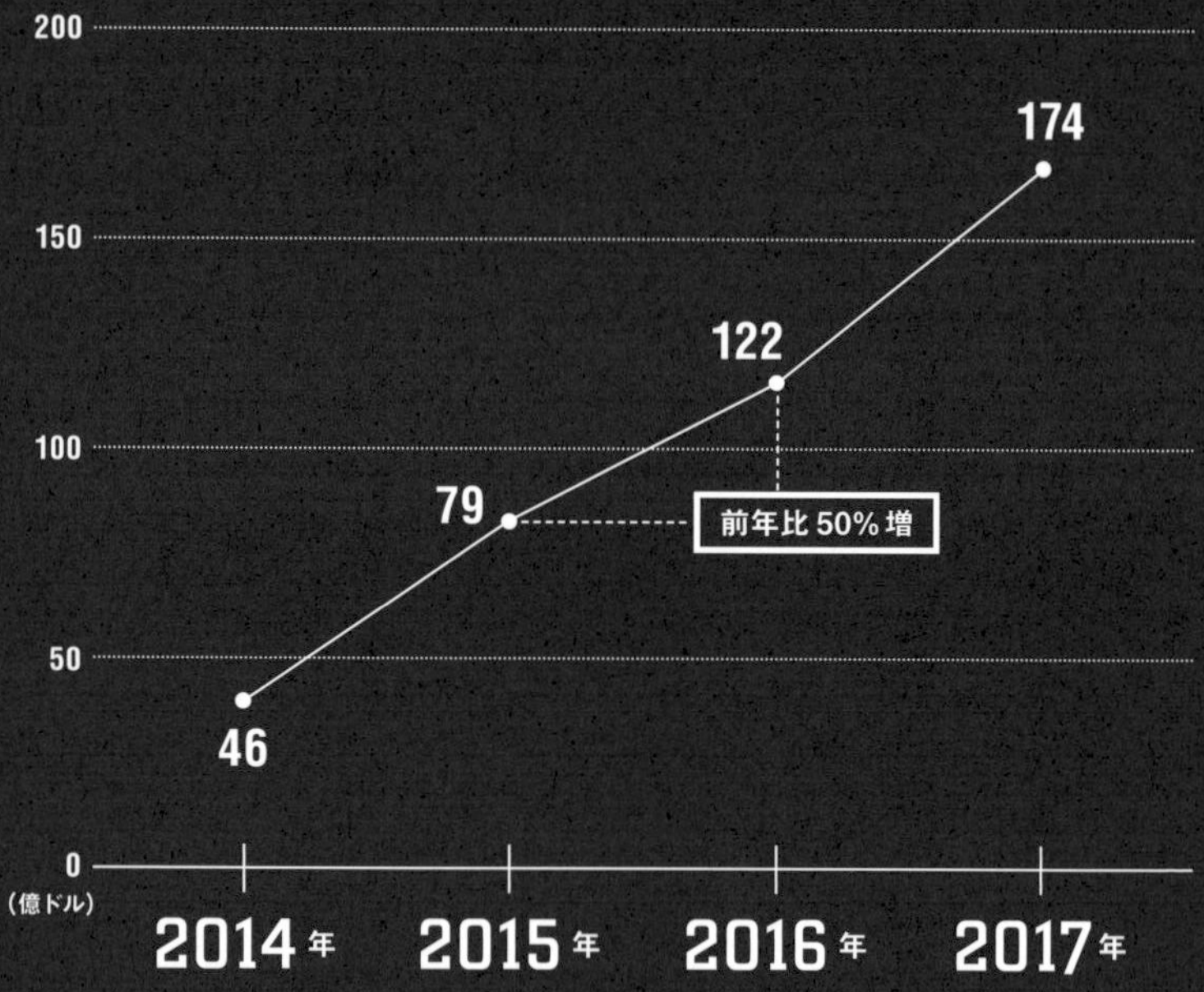

200
150
100
50
0
(億ドル)
174
122
79
46
前年比 50% 増
2014年
2015年
2016年
2017年

じつは、ネット通販事業全体では儲けが出るどころか赤字なのがアマゾンの実態だ。２０１７年のアマゾンの会社全体の営業利益が41億ドルに対して、一事業部門に過ぎないはずのＡＷＳの営業利益が43億ドルなのである。ＡＷＳがネット通販事業の赤字を補い、会社を支えていることがわかるだろう。

売上高でアマゾン全体の１割程度の大きさ（１７４億ドル）に過ぎないＡＷＳが、会社全体の儲けを叩き出しているのだ。「何で稼いでいるか」という点からみれば、アマゾンはクラウドコンピューティングの会社と言わざるを得ないことがわかるだろう。

ＡＷＳの営業利益率もすごい。営業利益率とは、売上高全体に占める営業利益の割合である。営業利益の金額そのものは、企業の規模により大きな差があるため、他社と比較するときには、営業利益率を見た方が便利である。

ＡＷＳの２０１７年の営業利益率は約25％。日本の上場企業の営業利益率の平均は、およそ７％で、20％あれば高水準と言われる。それを考えると、いかにＡＷＳの利益貢献が大きいかがわかるだろう。

アマゾンの売上高の割合

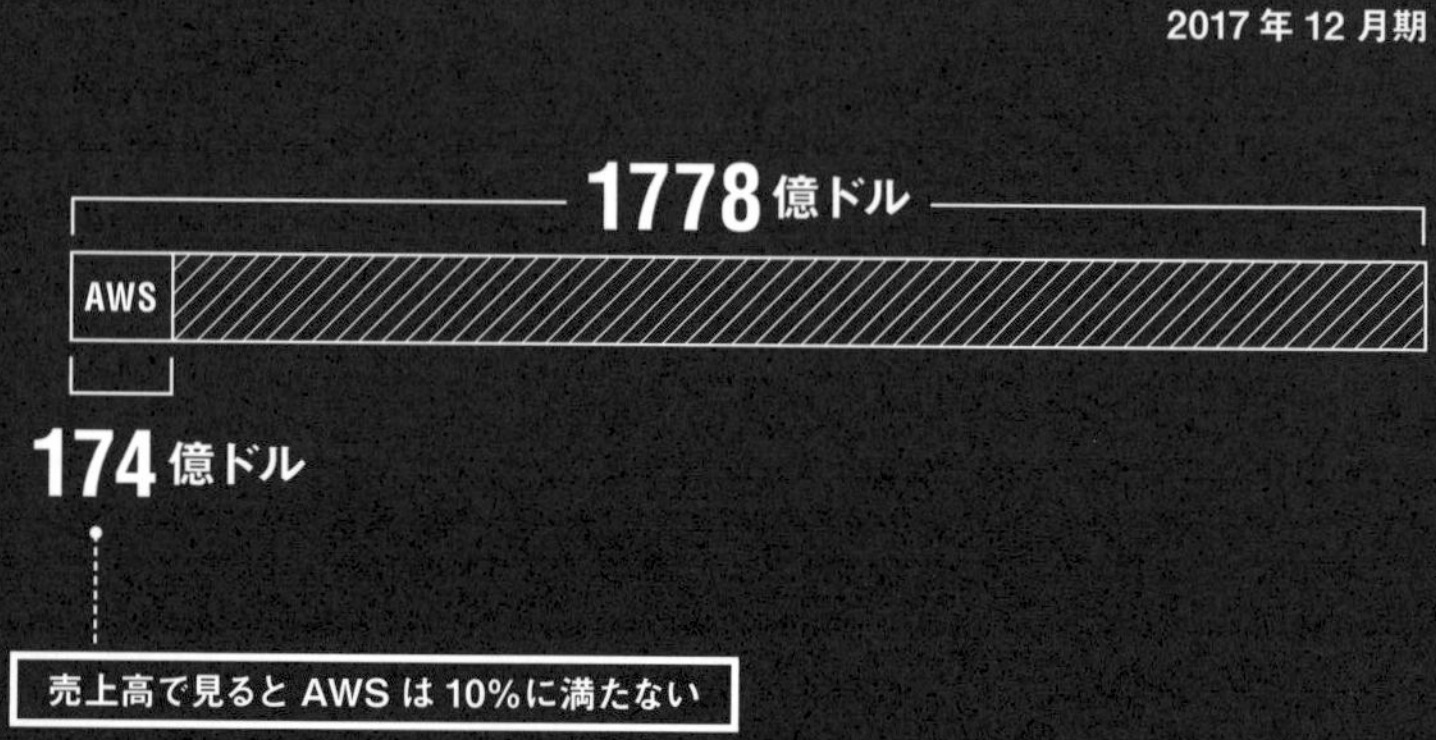

アマゾンの営業利益

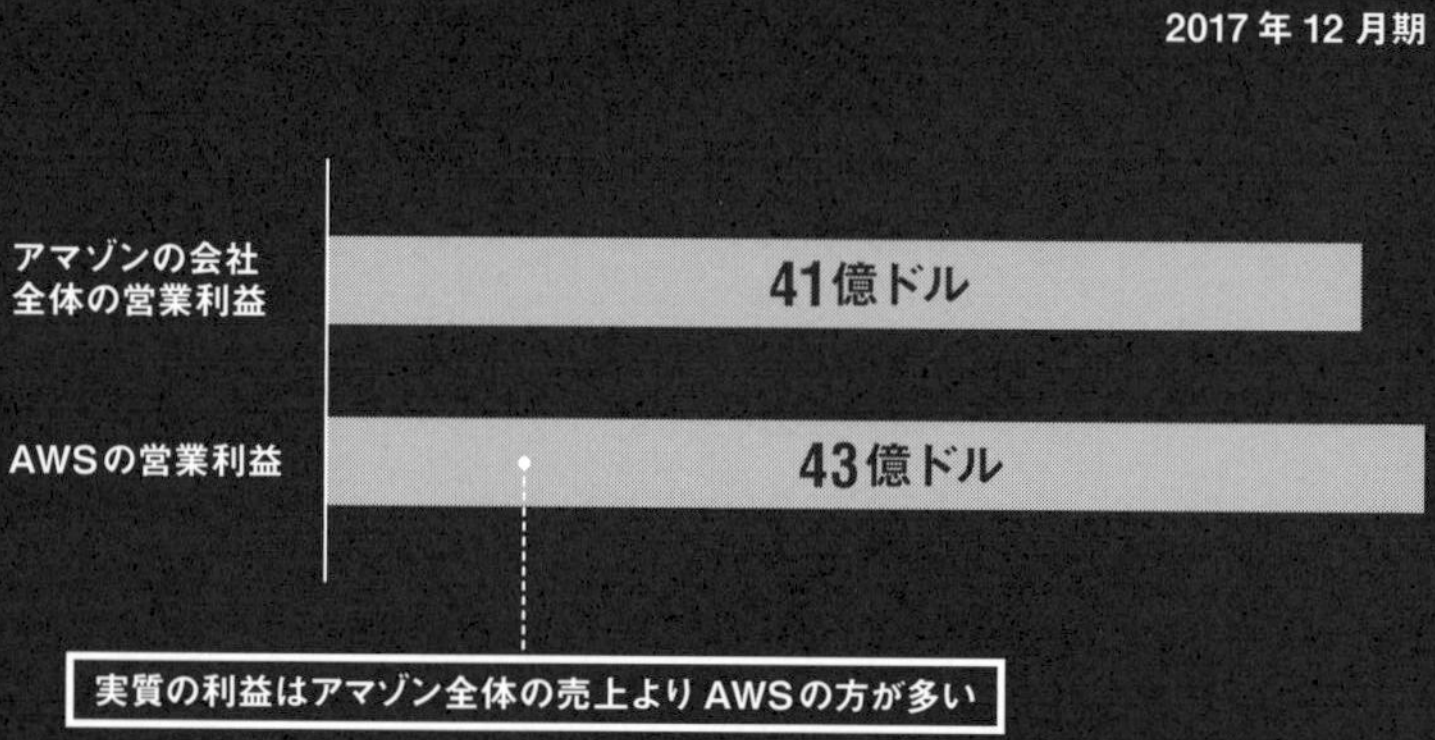

その上、アマゾンのクラウドサービスは低価格である。必ずしも利益率の高いビジネスは目指していない。これで、競合他社の新規参入を抑えてきたことを考えると、驚異的な数字といえよう。

アマゾンのキャッシュフロー経営では、もちろんこのAWSの莫大といえる利益も、小売部門への投資に惜しげもなくつぎ込んでいる。

第1章で述べたアマゾンの小売りの特筆すべき点は、「お客様への圧倒的なサービス」である。年会費を払ってプライム会員になれば、映画やドラマが見放題で、楽曲も100万曲以上聴ける。写真も保存し放題で、日本では書籍や食品が当日に配送される。

これらの大胆なサービスも、すべてAWSの稼ぎがあるからだ。他の部門で稼いだ資金を別の部門に回せる。これが他の小売企業にはないアマゾンの強みのひとつであり、それこそが競争相手にとっての悪夢である。

じつは、アマゾンが2006年にクラウドサービスに参入した際は、大規模投資が必要なIT事業に参入するのを笑う投資家もいた。実際、2006年のフリーキャッシュフローが4年間の増加ペースから減り始めているのは、このAWSへの投資が原因である。だが、その結果がIBM、グーグル、オラクルが束になっても適《かな》わないクラウド界の巨人に成長したということだ。

ちなみに、AWSはもともとは自社の小売業を円滑に進めるためにできたものだったという。

徹底した秘密主義のアマゾンだけにベールに包まれているのだが、ジェフ・ベゾスの「参謀」ともいわれるAWSの責任者アンディ・ジャシーは、「2000年代初めに小売ビジネスを迅速に展開するため、インフラ（システムの基盤）を構築しようと決めた。こうしたサービスを構築していく中で、他の企業にもこのサービスが役に立つと思うのではないかと考えた」と、2013年に『ウォール・ストリート・ジャーナル』で述べている。

「自社のために開発したシステムを売り物にするのが定石」

2000年といえば、アマゾンの株価が大きく下がった年だが、その当時のアマゾンには、受発注をさばくために大きなサーバーが必要だった。そのために開発した自社サーバーの余った能力を、米国や英国の流通大手に提供したのがきっかけだったという。そしてジャシーは「小売事業の補完だとは（今は）まったく思っていない」と同じインタビューで述べている。「ＡＷＳがカバーするのは、ソフトウェアやハードウェア、データセンターサービスなどだが、これらは世界的に数兆ドルの規模になる」とビジネスが大化けすると宣言しているのだ。

このインタビューの２０１３年時点では、売上は30億ドルにも満たず、一方小売業の方の売上は６００億ドルだった。しかし、この時点で、ＡＷＳがアマゾンの小売事業を追い抜く可能性についてジャシーは言及しているのだ。

２０１６年には、可能性は確信に変わっているようで、「１０００億ドル規模の小売事業を超えて、ＡＷＳはアマゾン最大の事業になるだろう」（『日経ビジネス』２０１６年12月26日号）と強調している。オフィシャルの取材の場で、ジャシーが名実ともにアマゾンがクラウド会社になると断言している意味は重い。

大きくなりすぎると成長率がとまる理由

小売業には、もうアマゾンの敵はいないと指摘した。突出したCCCやAWSの利益のおかげで、膨大なキャッシュのほとんどを設備投資に回し続けている結果だ。これを他の会社は絶対に真似できないのだ。ウォルマートであれ、三越伊勢丹ホールディングスであれ、無理そうなのである。たとえば楽天が小売事業に積極投資を続けたとしても、その差が詰まることは想定しづらい。

では、クラウド業界ではどうだろうか。AWSの競合は、IT業界の巨人、米マイクロソフトと米グーグルだ。

世界のデータでクラウドに移されているのはたったの5%程度とされている。つまり、クラウド事業には、95%の手つかずの豊かな市場が広がっている。20倍に膨れ上がるポテンシャルを持っているのだ。このクラウドサービスの市場の急速な拡大で、この3社は巨額の設備投資と価格競争を繰り広げている。マイクロソフト、グーグルの両社をアマゾンと比べてみよう。両社は、2014－2016年の3年間で、クラウド市場に合わせて約520億ドルを設備投資につぎ込んでいる。これは、それまでの3年間の投資額の2倍にあたる。

業績も拡大しており、マイクロソフトのクラウドサービス「アジュール」の2016年の売上高は、前年に比べ2倍以上の伸びを見せ約24億ドル。グーグルの「クラウド・プラットフォーム」も2016年に売上高は9億ドルを突破したとみられている。

ドイツ銀行の2017年の試算によれば、マイクロソフトとグーグルはいずれも今後2年でクラウド事業の売上を2倍以上に伸ばすとも予想している。グーグルの親会社アルファベットの売上高の88%は広告事業だが（2016年）、いずれクラウド事業が上回る可能性もあると同社はみているという。

だが、そうであってもまだアマゾンの背中は遠い。

181ページの図を見てみよう。2017年10－12月期のAWSの世界シェアは約

各クラウドサービスとの売上高の比較

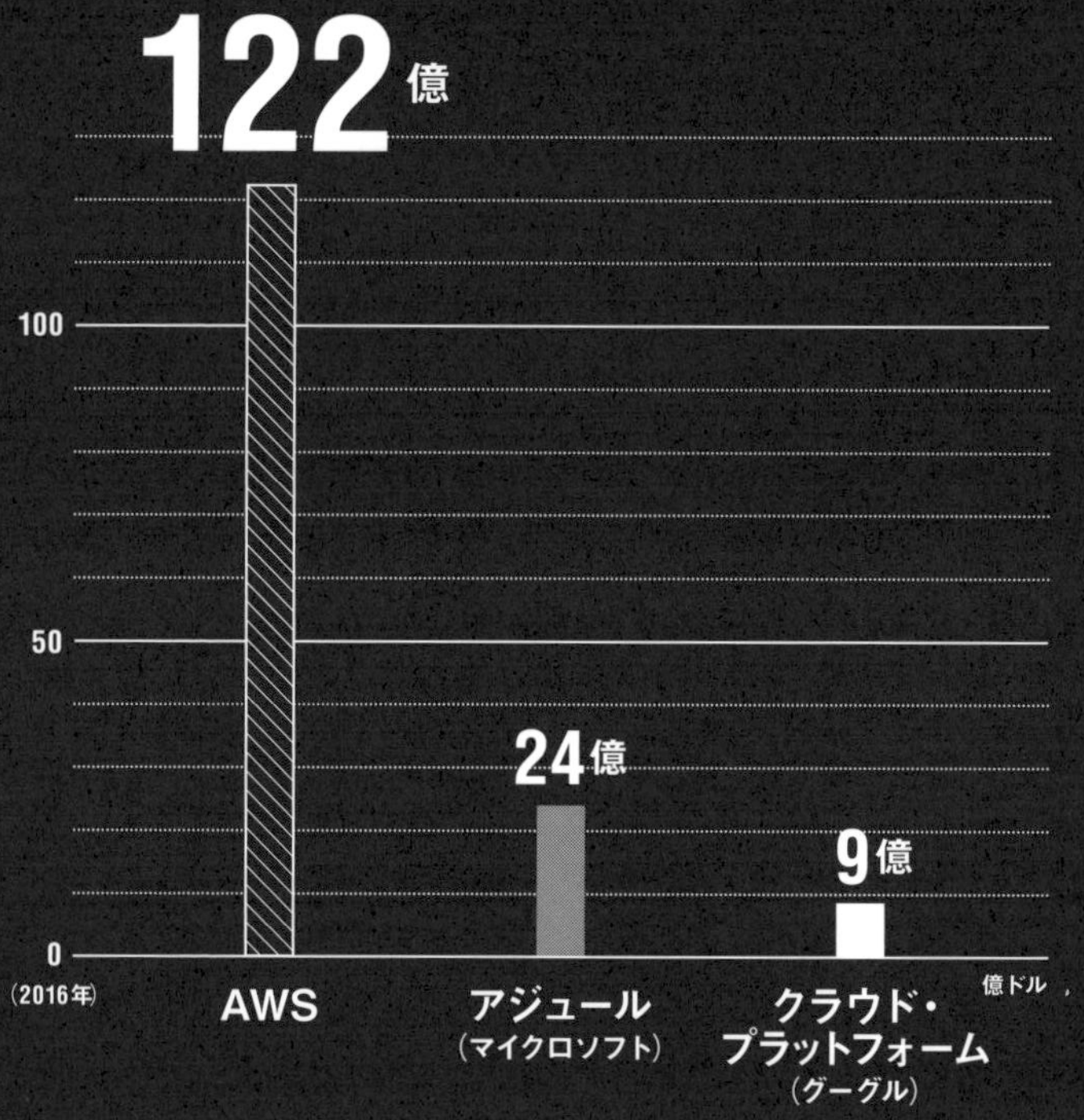

(2016年実績、一部推計)

35％。2〜4位のマイクロソフト、ＩＢＭ、グーグルの3社のシェアを足しても、悲しいかなアマゾン一社に及ばない。大手4社以外のアリババやオラクル、富士通などのクラウドプロバイダーは、いずれも5％未満だ。

一部報道では、オラクルは打倒アマゾンに気を吐いているらしいが、２０１７年2月までの過去4四半期の同社の設備投資額は17億ドルに過ぎない。オラクルといえど、この分野では巨象アマゾンに対して、アリの存在でしかない。

ＡＷＳの死角をあげるとすれば、アマゾンがあらゆる産業で大きくなりすぎたことかもしれない。**小売りや物流で強大な存在になったために、それらの分野で競合する企業が、クラウドを使うときはアマゾンの利用を避ける動きが出てきている。**

たとえば小売業ではアマゾンのクラウドがいくら安いからといって、競合するアマゾンに自社の販売データをあずけることを危惧している。もちろん、アマゾンが勝手に顧客データを利用するとは思えないが、ホールフーズを買収するなど、ネットのみならずリアル店舗でも存在感を増すアマゾンと小売業者が距離を置きたくなるのは自然の流れかもしれない。

すでにウォルマートは、取引先にもアマゾン以外のクラウドサービスの利用を奨めている。

クラウド業界のシェア

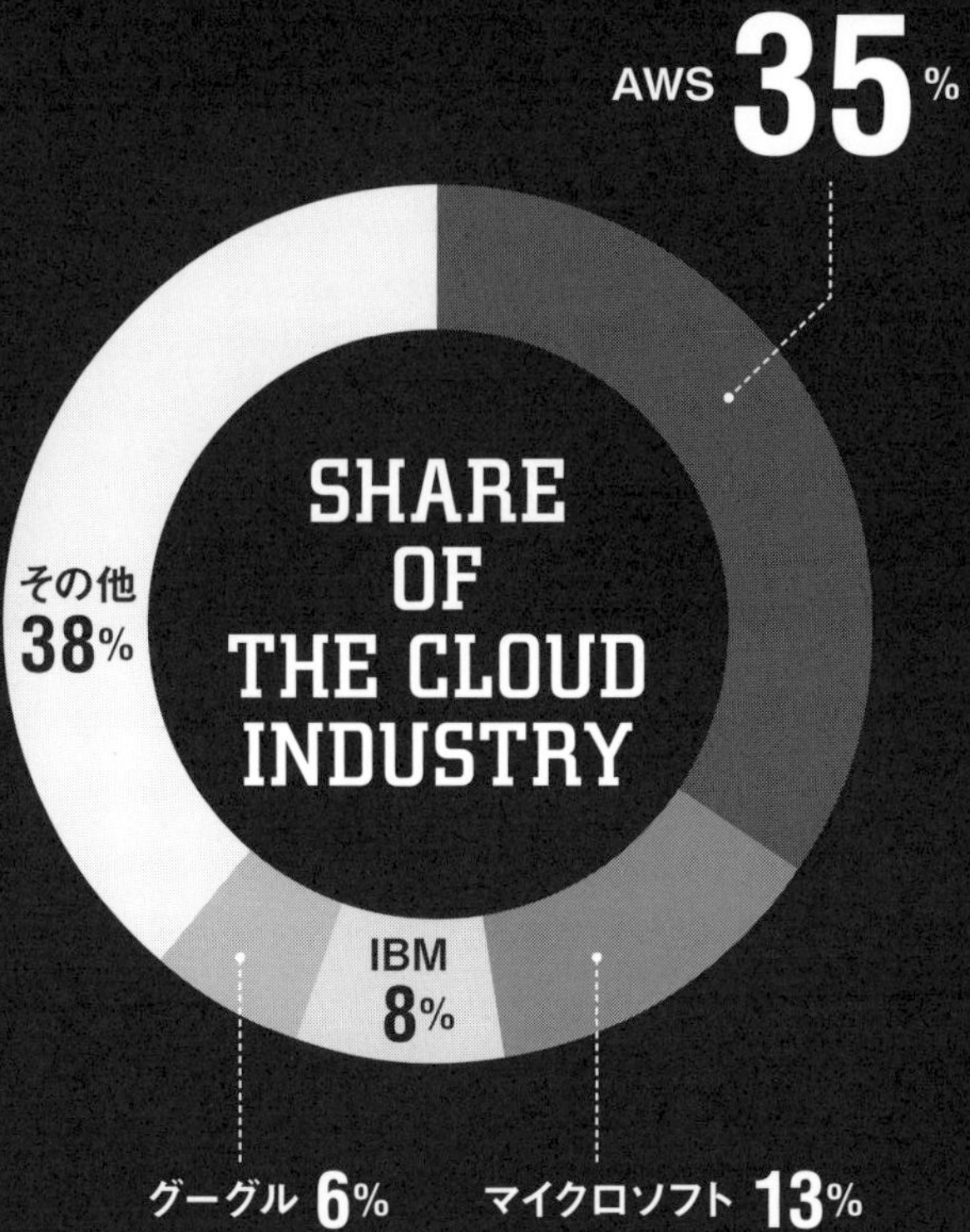
AWS 35%
SHARE OF THE CLOUD INDUSTRY
その他 38%
IBM 8%
グーグル 6%
マイクロソフト 13%

こうした動きの受け皿となっているのがマイクロソフトだ。クラウドの世界シェアではさきほど見たように、アマゾンは依然3割以上を握っており圧倒的だが、じつは成長力では陰りも見える。

アメリカの調査会社シナジー・リサーチ・グループの調べでは2017年の10－12月期のシェアの伸び率では前年同期に比べてアマゾンが0・5％だったのに対して、マイクロソフトは3％伸びている。

また、10－12月期の決算では、法人向けクラウド事業の売上高はマイクロソフトが53億ドルなのに対し、アマゾンは51億ドルだった。これは単純にマイクロソフトのアジュールとAWSの売上ではないので比較は難しいが、マイクロソフトがアマゾンを猛追しているのは事実だ。

あらゆる産業を飲み込む「アマゾンエフェクト」が進んでいることは間違いない。しかし、クラウドの分野ではアマゾンが強すぎるがために敬遠される「逆アマゾンエフェクト」がじわりと広がってきていることにより、マイクロソフトにも勝機があるかもしれない。

「アマゾンお得意のスケールメリット——世界中に設置されるデータセンター」

ここからは、AWSの本体、データセンターがどのように広がっているかを見ていこう。アマゾンは全世界に約53カ所のデータセンターを保有している。さらに12カ所がこれから追加されるという。これは、数としてかなり多い。

ある2015年の記事では、世界中のデータセンターのうち、アマゾンのシェアは4割だという。当時全世界で稼働しているクラウドのサーバーは1000万台を超えると言われており、2018年現在ではその倍くらいに膨らんでいる可能性が高いので、現在のアマゾンのサーバーは800万台あたりが予想されるが、こちらももちろん公表されていない。世界中のデータセンターのうち4割を超えているということは、いったい何万人のエンジニアを雇っているのだろうか。それだけでも恐ろしい数だ。

2016年だけでも、世界各地に11カ所を新設。翌年にはフランスのパリと中国の寧夏回族《ねいかかいぞく》自治区にもデータセンターを開設した。2018年には、スウェーデンのストックホルムに大規模なデータセンターを開設する予定だ。詳細は明らかにされていないが、ストックホルムには数億ドル規模の投資が見込まれている。

データセンターのまわりは、「アベイラビリティ・ゾーン」と呼ばれる。そのゾーンの中にいるユーザー数が多ければ多いほど、データセンター内のサーバーの台数が増えたり、あるいはデータセンター自体を増やしたりする。また、大企業がアベイラビリティゾーンにいくつもあると、サーバーももちろん多くなる。大都市にこの勢いでデータセンターを作るということは、AWSの日の昇る勢いを表すことに他ならない。

公式のアナウンスとしては、2005年にアマゾンドットコムを運用していたのと同規模の能力のサーバーを、「毎日」追加しているという。当時の年商は約84億ドル。その規模に必要なサーバーが毎日追加されているというから驚きだ。AWSの普及が急拡大していることを物語るエピソードだろう。また、ひとつのデータセンターが消費する電力は少なくても30メガワットにもなる。これは大まかだが一般家庭1万世帯分の電力消費量だ。

なんとアマゾンは米テキサス州で、風力発電事業にも投資している。極めてアマゾンらしい発想だが、AWS用のデータセンターに電力を供給するためだ。アマゾンは、使用電力を、100%風力発電や太陽光発電などの再生可能エネルギーに切り換えるという取り組みを発表しており、2016年末に40%以上をすでに達成している。すでに、インディアナ州、ノースカロライナ州、オハイオ州に風力発電所、バージニア州に太陽光発電所を建設しており、今回建設するテキサス州と合わせると、アメリカの約24万世帯の電力をまかなえるほどだ。**再生エネルギー事業に参入する力くらいはすでに持っていると言えよう。**

これだけで驚いてはいけない。**AWSで使われているサーバーやルーター、通信を制御する半導体もアマゾンが設計し、製造を外注している。**おそらく、近い将来、コンピューターの頭脳になるCPUの設計開発にも乗り出すだろう。

これらが、アマゾンが世界最大級のテクノロジー会社と呼ばれる所以である。かつてのIBM、マイクロソフト、インテルを凌ぐ。**業務システムも基幹ソフトウェアも半導体もコンピューター本体も、同時に開発した会社は歴史上なかったのだ。**

今や、コンピューター業界の人々は気づいている。アマゾンの本当の敵は出版社や書店ではない。我々コンピューター業界だと。書店は文化施設として生き残るかもしれない。しかし、下手をすると、機能と価格だけで勝負するコンピューターの世界ではアマゾンしか生き残らない可能性すらある。

世界中で増え続ける データセンターと仮想通貨の関係

クラウドサービスの普及でデータセンターが世界中にできているが、立地に注目すると興味深いことがわかる。寒冷地での建設が目立つのだ。これは偶然でなく、合理的な理由がある。

クラウドの情報処理が集中した際に発生するサーバの熱量は非常に大きい。そのため、データセンターには空調対策が欠かせず、電力消費をいかに減らすかが課題になっている。クラウドサービスのコスト全体の50%前後が電力料金であるという試算すらある。

年間を通じて気温が低い場所にデータセンターを置けば、コンピューターを冷やすための電気代も減らせるというわけだ。

今後もデータセンターは増加の一途をたどるだろう。

データセンターの需要が高まった背景には、インターネット上の仮想通貨（暗号通貨）の採掘（マイニング）がある。

マイニングとはブロックチェーンを使った売り買いや送金などのデータの流れが正しいかどうか、第三者がコンピューターで暗号を解きながら検証する作業だ。データを多数のサーバーで処理する必要があり、データ処理を請け負った対価として仮想通貨を得ることができる。

採掘には膨大な電力が必要となるため、最近では日本でも一部の電力会社が仮想通貨事業者を対象にした電力小売りプランを用意し始めている。ここまでは想像できるだろうが、電力会社はその先を見据えているだろう。つまり、いずれ大手電力会社は電力を単純に供給するだけに、とどまらなくなるかもしれない。電力会社自体がマイニング事業を始めた方がいいことにもう気づいているだろう。

国内人口の減少で既存の電力販売は先細りが確実視されており、電力会社は新たな収益源を血眼になって探している。日本最大の電力会社である東京電力ホールディングスがマイニングを始める——そんな日が訪れてもまったくおかしくないのだ。

AWSも「お客様のために」の安値で覇権を握る

AWSが起こしたのは、まさにクラウドコンピューティング革命だ。社内のサーバーやソフトウェアを、より安価なウェブベースの代替品に代え、企業のITの世界を一変させた。

競合他社は安値攻勢で何とかアマゾンからシェアを奪おうと躍起だが、前述したように、アマゾンの武器は圧倒的な安さだ。

『日本経済新聞』によれば、主力サービスのひとつは日本への進出当時に1ギガバイト0・14ドル程度だったが、現在は0・023ドルと6分の1の価格になっている。ここでも、「お客様のために」をモットーに勝ち続けるアマゾンの怖さが見てとれる。**圧倒的なシェアを握ったあとのアマゾンは、体力勝負は得意である。**

クラウド市場は日本だけでも今後4年で約3倍の1兆円規模に成長するとの試算もある。豊かな成長市場であることは間違いないが、現状ではこれまでみてきたように誰もが勝者になれるわけではない。

自前の海底ケーブルを持つ

2017年11月、ソフトバンクは通信会社など5社と大陸間海底ケーブル「ジュピター」を敷設すると発表した。稼働開始は20年の予定だ。ロサンゼルス近郊から千葉県南房総市と三重県志摩市を経由しフィリピンまで結ぶ最先端のケーブルだ。容量は60テラビットである。

ソフトバンク以外の5社とはNTTコミュニケーションズ、香港のPCCWグローバル、フィリピンのPLDT、それにフェイスブックとアマゾンが加わった。

ソフトバンクなど4社は通信会社だから本業ともいえるのだが、フェイスブックとアマゾンはいわば自社の海底ケーブルということになる。SNSやクラウドサービスの通信ボリュームが通信専門会社に匹敵しはじめている証拠であり、彼らが自分でまかないはじめるということは、それまで彼らが払っていた分の通信会社の売上が減ることを意味する。

ちなみに、すでにグーグルは2016年に稼働開始した「FASTER」という海底ケーブルに出資し、自社専用に10テラビットの帯域を確保している。

アマゾンも、今回の海底ケーブルが初ではない。すでにいくつかの海底ケーブルネットワークに投資し、運用している。日本を起点としてみると、最低でも韓国に2本、オーストラリアに2本、シンガポールに2本、北アメリカには4本もの海底ケーブルを利用しているのだ。まさに地球上の海洋をカバーしている。冗長性も備え、どれか1本のケーブルが漁船などに切られても、ユーザーはまったく支障なくクラウドサービスを使いつづけることができるのだ。

もはやどの日本企業にもこの広大なネットワークと巨大なデータセンターを建設する能力も資金もない。たとえ巨大自動車会社であってもメガバンクでも、粛々と一ユーザーとして振る舞うことしかできないのだ。

amazon

chapter

#04

アマゾンの「プライム会員」とは何なのか

「アマゾンプライム」の会員数はもはや国家のスケール

あなたは「アマゾンプライム」会員だろうか。年会費を払ってプライム会員になると、前述したように、過剰なほどの特典を受けられる。それこそ、ウォルマートが似たようなサービスを少し安くして開始しようが関係ない。

ある調査会社の推定では、アメリカでの会員数は8500万人に達したと言われている。米国の人口が約3億2000万人なので、アメリカでは4人にひとりの割合で、プライム会員だという事態になっている。

一方で、アメリカの世帯数は1億2500万。つまり世帯数あたりに換算すると、全世帯の68％はプライム会員がいることになるのだ。アメリカでフードスタンプを支給されている貧困者数は4400万人だから、中流以下の所得階層の世帯でもプライム会員になりつつあるということだ。

「プライム・サービス」は米国だけでなく、世界16カ国で展開。ベゾスは、2018

年4月に株主宛ての手紙で、プライム会員が世界全体で1億人を超えたことを明らかにした。各国で会員数が増えており、2007年にサービス提供を始めた日本も例外ではない。

そもそもプライム・サービスがなぜ生まれたかを見ていこう。これは小売り大手のコストコの「会費制」を真似た仕組みで、会費を取って、会員向けのサービスを提供するというモデルだ。

コストコは、卸倉庫のような巨大な敷地に業務用としか思えない大きな商品が無数に置かれているスーパーだ。一商品当たりのロットは大きいが、価格が安いため人気で、日本でも店舗を拡大している。世界各国に約700店舗以上展開し、日本でも26店舗営業している。

2001年にジェフ・ベゾスはコストコ創業者のジム・シネガルに面談し、会員制サービスのノウハウについて教えを受けたという。会員だけの特典を提供することで、自社へのロイヤルティ（忠誠心）が高い顧客をいかに獲得し、増やしていったかを学んだそうだ★[6]。小売業にとっては顧客との継続的な関係性こそ資産であり、生命線である。だが、この会員制サービスは顧客のロイヤルティ獲得だけでなく、金銭的にも大きな意味を持つ。

年会費は前払いだ。**アマゾンには、1年前に手元にお金が入ってくる。**キャッシュフロー経営を掲げるベゾスにとってはこの金脈を見逃すわけがない。米国内だけでも年会費119ドルのプライム会員が8500万人いるとなると、前受金は100億ドル超にもなるのだ。プライム会員の拡大が、物流センターへの大型投資など機動的な経営の実現に役立っていることがわかるだろう。

その資金を元手に新しいサービス展開やコンテンツの拡充、物流への投資などができるため、さらに会員増につながり、資金が流入するという好循環が生まれる。会員制サービスは、キャッシュフロー経営の一助だ。

★[6]『ジェフ・ベゾス 果てなき野望』(日経BP社)

「年会費は安くして、あとから上げる」

日本のアマゾンプライムの会員数は、公表されていないためわからないが、300万人とも600万人とも言われている。ただ、おそらくアマゾンは、日本の人口から考えて、会員はまだまだ増えるとみているだろう。

アマゾンプライムの世界の売上高は1778億ドル（2017年）で、そのうちアメリカが1204億ドル。全世界の67%を占める。

圧倒的な会員数を誇るアメリカに、ドイツの169億ドル、日本の119億ドル、イギリスの113億ドルが続く。この4カ国の合計で全世界の売上の9割を占める。

人口は、日本が1億3000万人。これは、ドイツの8000万人とイギリスの6000万人を足したくらいであるから、日本の発達した物流網も考慮すれば、売上高にして、ドイツとイギリスを足した売上高、つまり現在の2倍程度にまで成長する可能性があるとみているだろう。

アマゾンプライムの国別売上高

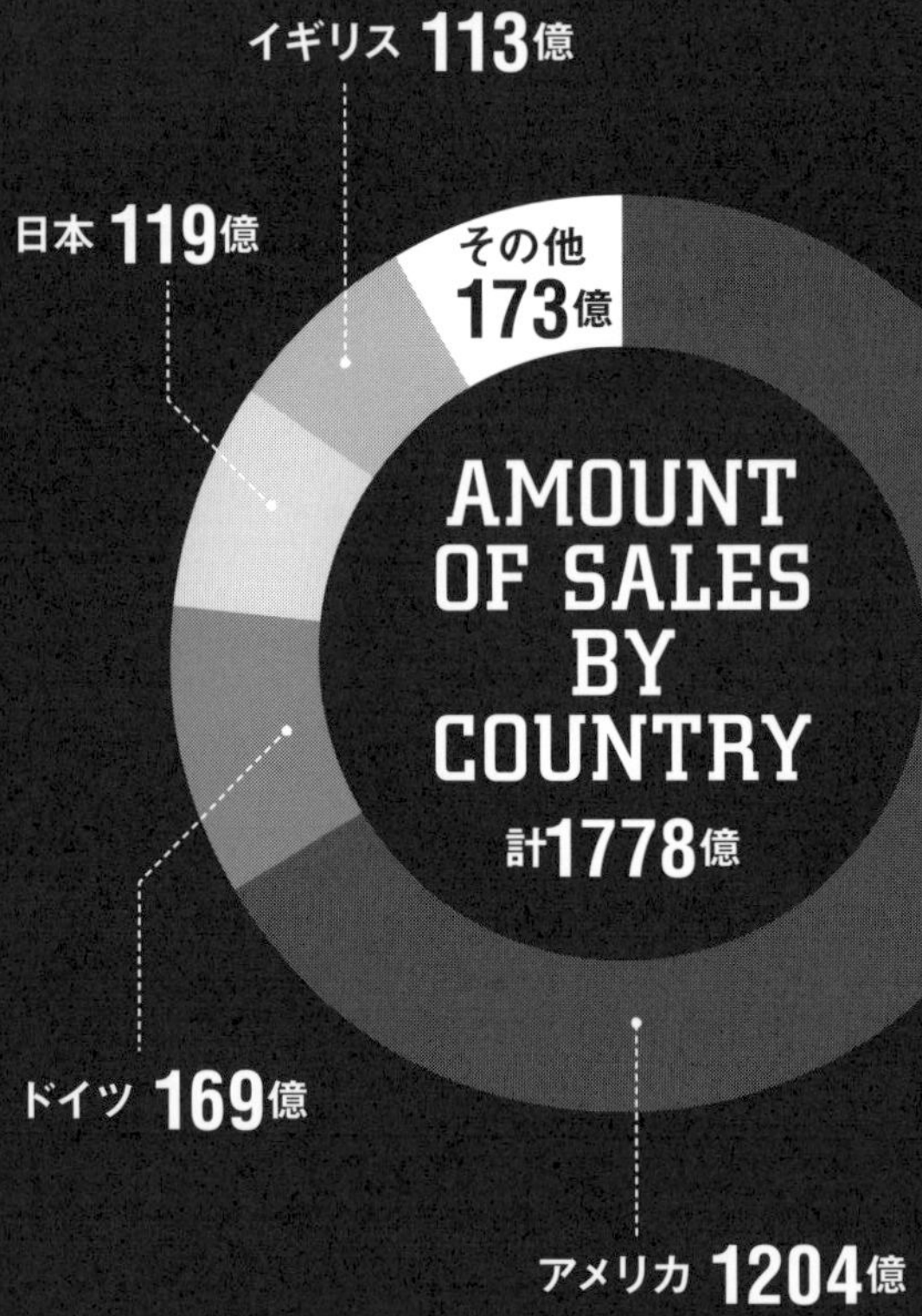

単位：ドル（2017）

アマゾンの日本市場への期待は、プライム会員の年会費に如実に表れている。米国が119ドル（約1万2000円）、イギリスが79ポンド（約1万4000円）。ドイツがちょっと下がって49ユーロ（約6500円）で、日本はさらに低い3900円だ。世界的に見ると破格の値段設定だ。『週刊東洋経済』★[7]で、アマゾンの世界のプライム事業を統括する役員は「『プライム会員にならないことはありえない』という状況を目指している」と語っている。この発言からも、日本ではまだまだプライム会員を増やせると判断していることがわかる。

2017年からは、年契約だけでなく、1カ月単位（料金は月400円）で契約できるプランを開始したことにも、日本での利用者増への期待が透けて見える。手軽に入会できるような仕組みを作ることで、「とりあえず入会してみる」層を増やす狙いだ。

米国のスタートも39ドルだった。**会員数の増加に伴い、2014年に99ドル、2018年に119ドルに価格を引き上げたように、日本でも段階的に価格を引き上げるだろう。**おそらく3900円から最終的には1万円前後に上げる可能性が高い。

すでにアメリカでは年会費を引き上げても会員は減るどころか増えているので、あとから年会費を上げても会員が減少することは少ないことが予想できる。

★[7]　2017年6月24日号

「サービス過多なのは、ライフスタイルに入り込みたいから」

「お客様のために」を掲げるアマゾンを象徴するようなアマゾンプライムの過多ともいえるサービスだが、**一度入会させてしまえば、プライムは、便利すぎるが故に脱会するきっかけを奪う機能を多く持ち合わせている。**そのための豊富すぎるコンテンツだ。たとえば、今日退会してしまったら、見始めてしまった連続ドラマが見られなくなったり、昨日まで聴いていた音楽を聴けなくなったりしてしまう。スポーツ番組も観られなくなる。

会員にさえなっていれば、送料がタダになるから、アマゾンで商品を買う消費者は増える。データでも、プライム会員の購入額は、会員ではないアマゾンユーザーの2倍である。

会員をやめる影響は、通販の使い勝手が悪くなるなどにとどまらない。プライム・サービスは、すでにライフスタイルの一部となってしまっているのだ。202ページの表は、ざっとプライム会員の特典をまとめたものだ。送料無料を筆頭に、キンドルで数百冊が読め、タブレットの値引きなどがある。一部のエリアではあるが、商品を2時間で受け取れるサービスや、おむつなどが安く買える「アマゾンファミリー」もある。

しかし、会員数拡大のいちばん魅力的なものは、日本では2015年9月に始まった「プライムビデオ」だろう。アメリカでの人気の高さは前述したが、映画の新作も含めた有料の映像ストリーミングサービス「アマゾンビデオ」の中から国内外の映画やドラマが見放題になる。たとえば、映画『ミッション：インポッシブル』、『男はつらいよ』からアニメ『機動戦士ガンダム』、『妖怪ウォッチ』まで幅広い番組が揃っている。

豊富なコンテンツを考えると、動画サービスだけ使ったとしてもすごい。Ｈｕｌｕが月額９３３円、ＮＴＴドコモが提供するｄＴＶは同５００円である。プライムの年会費３９００円は月額換算だと３２５円。これだけでも抜群の安さなのだ。

コンテンツの数ではアマゾンが数千本であるのに対し、ｄＴＶが12万本を超えるなど差はある。しかし、アマゾンの強みは、オリジナルコンテンツの充実ぶりだ。

プライム会員の特典

- 当日配送（お急ぎ便）
- お届け日時指定便
- プライムナウ（2時間で届く。一部エリアのみ）
- 映画・TV・アニメが見放題
- Kindle 数百冊無料
- Kindle fire などタブレット端末の割引
- アマゾンパントリー（食品や日用品の発注　手数料:390円）
- アマゾンファミリー（おむつやおしりふきが 15% 割引）
- プライムフォト（写真を容量無制限で保存）
- 先行タイムセール（タイムセールの商品を通常より30分早く注文可能）

すでに米国では、アマゾンはコンテンツメーカーとしての地位を築いている。2013年に制作したドラマ『トランスペアレント』はゴールデングローブ賞ミュージカル・コメディ部門の作品賞と男優賞を受賞。その後も、独自コンテンツの制作に力を注いでおり、現在ではオリジナルの劇場映画を年15本以上のペースで制作することを打ち出し、アカデミー賞受賞を目指している。

日本でも、人気俳優を起用した恋愛ドラマや犯罪ドラマなどを配信。出演陣は地上波の人気ドラマと遜色ない。お笑い芸人の松本人志が監修した『ドキュメンタル』は、お笑いタレントを密室に集めて笑わせあうという異色のバラエティー番組で、公開1週間でそれまでのオリジナルコンテンツの最長視聴時間を塗り替えた。

特撮物にも力を入れている。『仮面ライダーアマゾンズ』をプライム・ビデオ日本オリジナル第1弾作品として2016年に配信、現在、セカンドシーズンまで続く人気作となっている。子供に人気のコンテンツも充実している。ここまでくると、すでに映像制作会社だと言っていいだろう。視聴者のテレビ離れという潮流にものっている。

もともとアマゾンは、ネット通販で得た、消費者のDVDの販売履歴データを持っている。これを踏まえたニーズを取り込んだ番組制作が可能だ。CMも入らないため、広告主の意向などを汲む必要もなく、実験的なコンテンツも制作できる。
将来的には、アマゾンプライムの配信だけでなく、テレビ向けに独自コンテンツを制作する可能性もある。実際、すでにアニメ『クレヨンしんちゃん』のオリジナルコンテンツをテレビ朝日のCS放送向けに供給している。これまで、テレビや映画のコンテンツを流していたアマゾンが、自らのコンテンツをテレビ向けに逆に売る可能性も大きい。

アマゾンを「ネット書店」と認識している人はいないだろうが、もはや動画や映画などコンテンツを配信するだけでなく、作り手としての顔も持ちだした。そうなるとアマゾンの脅威はニューヨークやハリウッドなどの映像制作会社にも及んでくるはずだ。

前述の通り、アメリカでは、国民的スポーツのアメフトリーグ、NFLのネット中継の2017年度シーズンの放映権を獲得している。世界の有料会員に配信するのだ。2016年度は米ツイッターがこれを獲得していたが、現地報道によるとアマゾンは前年の約5倍の5000万ドルで落札したという。配信するのは10試合のため、1試合あたりの放映権料は500万ドルになる。

米国で圧倒的な人気を誇るＮＦＬとはいえ、地上波やケーブル局でも放映があり、独占契約でないことを考慮すると破格の金額だ。アマゾンはＮＦＬの他にも米プロバスケットボール協会（ＮＢＡ）、米大リーグ機構（ＭＬＢ）など他の主要スポーツ団体ともネット配信に向けた交渉を進めているようだ。

ここまですれば、顧客のライフスタイルに簡単に入り込んでしまうし、さらには会員をやめる気力もなくなるはずだ。会員でありつづけると、ついアマゾンでまた物を買ってしまう。プライム・サービスとは、そういうシステムなのである。

ネット通販目的でなく、動画配信サービスや音楽を目的にプライム会員になる利用者も確実に増えていくだろう。

amazon

chapter

#05

アマゾンから M＆Aを知る

「M&Aのメリットをおさらいしよう」

アマゾンのM&Aを分析するまえに、M&Aとはなにかを考えてみよう。Mとは英語でマージャー、すなわち合併であり、Aとは英語でアクイジション、つまり買収である。

このM&Aの方式としては、「M&Aをする企業が対象となる企業の全株式を買い入れる」、「M&Aをする企業が対象となる企業の株主と株式を交換してひとつの会社になる」、「特定または全事業の権利を買う」などさまざまな方式がある。

日本の大企業などは、株主数も多く、関係会社間での株式持ち合いもあるため、M&Aは困難だった。しかし現在、相手がベンチャー企業ではいささか事情が違う。創業者はまだ若く、ほとんどの株式を一人で保有していることが多い。ベンチャー企業を起こした側からすれば、大金持ちになるチャンスはIPOすなわち株式市場に上場するか、会社を売却するかだ。すなわち所有している自社の株式を単純に売ってしまえばいいのだ。

2008年から2013年までの間に、アマゾンはファブリック・ドット・コムやザ・ブック・デポジトリーのような、独自にECサイトを立ち上げたオンライン小売業者を最低でも6社M&Aしている。**会社を売ったベンチャー経営者にしてみると、まさに創業からの出口すなわちエグジットであり、アマゾンにとってみると将来の競合相手を消し去り、ノウハウと顧客を買ったことになる。**

アマゾンで儲けようとするならば、まだアマゾンが気付いていない商品のECサイトを立ち上げて、大きく育てて事業売却するのがいいのかもしれない。しかし、そんなチャンスのある商品はもうほとんどないかもしれないが。

アマゾンはこれまで大小さまざまな企業を70社以上買収してきた。しかし、アマゾンはM&Aにはシビアである。手当たり次第に買収するわけではない。

ただ、アマゾンは、常にM&Aを視野に入れている。かつては世界最大手の物流企業、フェデックスの買収も検討していたというから驚きだ。

アマゾンのこれまでの買収は、オンラインでの靴販売のザッポスやゲーム動画ライブ配信を手がけるトゥイッチなどインターネット企業の買収が目立った。そういった流れの中で、2017年にあったホールフーズ・マーケットの買収は少し意味が違う。生鮮食品の世界を変えるかもしれない。そのことに触れる前に、ホールフーズ買収の経緯について見ていこう。

この買収は、ホールフーズ側の都合によるものが大きい。

金額は137億ドル。それ以前で最も大きい買収が靴の通販サイトであるザッポスの12億ドルであるから、アマゾンのこれまでの買収とはケタ違いの投資だ。アマゾンのホールフーズへの並々ならぬ関心の高さがわかるだろう。

ホールフーズはオーガニック食品を多く扱う高級スーパーだ。添加物、人工着色料や化学調味料を使用しないことを宣言している。イメージ的には、クイーンズ伊勢丹や成城石井などが近いかもしれない。

ホールフーズは全米に約450店舗を持つ。人口の多い都市部に店舗が多い。これらは、アマゾンの倉庫が手薄な地域でもある。立地面積も大きい店が多く、スーパーであるので当然ながら冷蔵や冷凍の設備も兼ねそろえている。アマゾンの生鮮食品分野進出にはうってつけだ。

ホールフーズのジョン・マッキー最高経営責任者（CEO）は、会社の関係者全員が幸せになる経営を目指しており、いわゆる株主のみを極端に重視する経営とは距離を置いていた。業績は悪くなく、対前年比の売上高こそ2・5％減と落ち込んだが、赤字を出しているわけでもなかった。成長が少し鈍化しているとはいえ、優良企業の内である。

ところが、2017年4月にホールフーズの株式がヘッジファンドに取得されてしまう。マッキーCEOが掲げる経営とは、ある意味正反対の人間に事実上の経営権が握られ、業績回復の抜本策を提示するように突きつけられた。マッキーCEOは、アマゾンに買収される直前、『テキサスマンスリー』誌のインタビューでこう語っている。

「ビジネスの世界ではソシオパス（社会病質者）のように貪欲な輩が人々を騙し、顧客をないがしろにし、従業員を濫用し、有毒廃棄物を環境に捨てている」

「こういった輩がホールフーズ・マーケットを買って大儲けしようとしている。私が嫌っていることを彼らに知らしめる必要がある」

彼がヘッジファンドを毛嫌いしていたことがよくわかる。その後、複数社に身売り話を持ち込み、ジェフ・ベゾスとわずか2週間程度で、日本円にして1兆円を超える金額で合意に至った。

アマゾンは、持ち込まれてから短期間でＭ＆Ａを決めたわけではない。一部報道によると、アマゾンは２０１６年時点でホールフーズの買収を検討していたという。そのときは、拠点になる店舗数が少ないと判断し、買収を見送っている。

アマゾンはすでにホールフーズを傘下に収めた場合の効果を算盤ではじいていたこともあり、早期での決着になったのかもしれない。**買うかどうかわからなくても、圧倒的な資金力を盾に、常に検討をしているのがアマゾンだ。**これも、アマゾンが21世紀のローマ帝国といわれる所以のひとつである。

「テクノロジーと実店舗を融合させる壮大な実験が始まる」

自社と似た顧客層を持つ会社を買収することはメリットが大きい。顧客データを丸々得られるからだ。モルガンスタンレーによると、ホールフーズの買い物客の約62％は、アマゾンの有料サービス「プライム」の会員だ。アマゾンとホールフーズは顧客が似通っているのだ。

アマゾンがホールフーズを傘下に収めることで考えられるのは、通販が不得意な、生鮮食料品事業の強化につなげられることだ。生鮮食品は鮮度が重要なので、その管理ノウハウや、仕入れ先との関係もそのまま手に入れられる。生鮮食品ならではの流通網も新たに築かなくても、そのまま流用できる。

米国自体の個人が食品にかける金額は、年間2・5兆ドルと個人支出の30％を占める。これはすべての支出の中で最大の割合だ。ちなみに、アマゾンの通販の出発点である書籍は支出の中では割合が小さい。アマゾンが手を広げたくなるのも当然だ。

ホールフーズを買収した一番の理由は、実店舗での食料品販売での成功のための布石としてだろう。

ホールフーズのM&Aは、この「顧客データ」「生鮮食品を扱うノウハウ」のふたつがポイントだ。

まず、顧客データを見ていこう。アマゾンはすでに実店舗での販売にも試験的に乗り出している。レジ精算が不要の店舗「アマゾンゴー」や、生鮮食品が受け取れるドライブスルー型店舗「アマゾンフレッシュ・ピックアップ」だ。だが、現在のアマゾンはまだオンラインの自分の顧客が実店舗で買ってくれるのか、把握できていない段階にいる。

しかし、ホールフーズの顧客が何を買っているかがわかって比較できれば、その問題はクリアできるだろう。

また、アマゾンのデータと合わせれば、販売の相乗効果も見込める。誰もが身に覚えがあると思うが、ネットと実店舗では購買の形がまったく異なる。ネットでは欲しいものをピンポイントで買うのに対し、実店舗では「衝動買い」もかなりある（もちろん、アマゾンでもデータにもとづいた「おすすめ」の商品を提示しているが）。データからは、この違いがわかるだろう。

これらのデータがあれば、アマゾンが今後展開する生鮮食品の実店舗の品揃えや陳列のヒントになるのにとどまらない。オンラインの方でも、衝動買いをこれまで以上に促すような仕組みが構築できる。

そしてもうひとつ、「生鮮食品を管理するノウハウ」を得られることも大きい。これは、物流網の整備にもつながる。

アマゾンは、注文した商品を、消費者がピックアップしやすい場所で受け取れるようにすることにも力を入れている。消費者が自宅で配送を待つのではなく、都合の良い時間に店舗に取りに行く仕組みだ。ホールフーズの約450店舗は、アマゾンのオンラインで注文した商品を受け取れる場所として活用するのに便利だ。すでに、ほぼ全店にアマゾンの商品を受け取れるロッカーを設置している。

プライム会員とホールフーズは顧客層が同じだから、そういうお客は、オンラインで注文した商品を受け取りがてらホールフーズで食料品も買うだろう。すでに、プライム会員には、ホールフーズでの割引や特典を提供している。アマゾンのアカウントで決済できるようなシステムを構築することも面白いだろう。2018年に入り、多くの小売業者が恐れていたサービスも始まった。ホールフーズの食料品をプライム会員向けに2時間以内に配送しはじめたのだ。

ホールフーズの買収で、アマゾンがこれまで培ってきたテクノロジーと実店舗を融合させる壮大な実験に乗り出すことが可能になった。

1930年代にスーパーマーケットの生みの親と称されるマイケル・カレンがセルフサービス方式を導入して以来の衝撃を、生鮮食品業界にもたらすかもしれない。

「身売りする予定のない企業も買収する」

ホールフーズ・マーケットの例は、ホールフーズ側からの身売りの提案だったが、これは特例だ。アマゾンは、特に身売りする予定がない企業を買ってしまうこともある。

有名なのが、紙おむつや子ども服などのベビー用品を扱う小売りの「ダイアパーズ・ドット・コム」の買収だ。

ダイアパーズは、かさばるために通販には不向きとされていた紙おむつを売り、業績を伸ばしていた。発送の際の箱の大きさを、一律でなく、注文ごとになるべく小さくすることで成功したのだ。これに目をつけたアマゾンは、傘下に収めようと買収を提案したが、ダイアパーズは拒否した。

その後、アマゾンは自社で2010年にパパ、ママ向けの新サービス「アマゾン ママ」を開始した。

『ジェフ・ベゾス 果てなき野望』（日経BP）によれば、「アマゾン マムは、ダイアパーズ・ドット・コムをたたきつぶし、会社を売却させるために導入されたプログラムだった」とされている。つまり、この新サービスは、ダイアパーズ買収のために始めたということらしい。

当時、ダイアパーズ・ドット・コムでは45ドルだったパンパースを、アマゾンでは39ドルにした。しかも、「アマゾン マム」の会員になって定期おトク便を利用すると、30ドル以下と異様に安くなった。

パンパースを製造するP&Gの卸価格と配送料を考えると、アマゾンは完全に赤字である。アマゾン マムは紙おむつを売るだけで、3カ月で1億ドル以上の赤字になったと言われている。

アマゾンに儲ける気はまったくなく、ただダイアパーズに白旗を揚げさせるための戦略であった。安値攻勢に晒されたダイアパーズは堪らず、同年にアマゾンに好待遇でのM&Aを提案され、身売りを決めた。

キャッシュさえあれば、業績好調の競合もM＆Aできる

アマゾンは靴のオンラインストア、ザッポスを買収する際も、同じような手を使っている。

ジェフ・ベゾスがザッポスを手に入れたかったのは、消費者の多くが「ザッポスが好き」と口を揃えるブランディングにあったという。

ザッポスは、送料無料はもちろん、1年以内の返品も無料で可能。また、顧客の問い合わせの電話に何時間もつきあうことを掲げており、最長で7時間半を超えたこともあるという。

自社に在庫がなければ3社以上の他サイトもチェックし、あれば顧客に教えるなどといったザッポスの姿勢は熱烈に支持され、リピーターが多かったのだ。

ザッポスは、2000年の創業から10年も経たずして、売上10億ドルを突破、アマゾン傘下に入った後も順調に成長を続け、15年目には30億ドルにまで拡大してい

る。ちなみに、日本のＡＢＣマートの売上が約２４００億円（約24億ドル）だ。

ＡＢＣマートは独自ブランド商品などの展開で日本の靴業界では非常に高い成長率を誇るが、創業は30年以上前である。ザッポスがいかに顧客の支持を得たのかがわかるだろう。ベゾスが何が何でも欲しがるのも無理のない話である。

ザッポスもまた買収提案をはねつけたため、アマゾンは、靴のオンラインストア「エンドレスコム」を1億５０００万ドル投じてわざわざ開設した。対ザッポスだけのためである。ダイアパーズのときと同様、ザッポスより安い価格で靴を販売し、ザッポス経営陣には買収後も独立した経営を許すという破格の条件を提示し、２００９年にザッポスを傘下に収めることに成功した。

ザッポスは買収当時はすでに名の知れた企業だった。そんな相手に手段を選ばぬ戦略を採るアマゾンならば、もし体力のない中小企業の商品がターゲットにされれば、安値攻勢で一瞬で淘汰されるだろう。

この2例からは、アマゾンのサービス力とキャッシュがあれば、どんなM&Aもできるということがわかる。

日本でのM&Aの可能性

以上、アマゾンの過去のM＆Aを見ていくと、これから起こるだろう日本でのアマゾンのM＆A戦略が見えてくる。

物流会社の最大の悩みは、前述したように再配達である。ヤマト運輸は再配達の対策として、「宅急便センター受け取りサービス」を2017年10月に始めた。全国に約4000カ所ある「宅急便センター」を配達先に指定して受け取ると、運賃が54円引きになる。

ホールフーズが受け取り拠点として成功し先例を作れば、アマゾンの買収先はきっと大手百貨店や総合スーパーになるだろう。

ちょうど都合がいいことに、すでに小売りの店舗数は過剰であり、売り場面積の削減が課題になっている。全米で多くのショッピングモールが閉鎖され始めていることを見ても明らかだ。

さらに、百貨店や総合スーパーならば試着スペースを設けることも可能で、気に入った物だけを持ち帰り、それ以外は返品するようなサービスもできるだろう。店舗の家具や雑貨で魅力的なディスプレイを作り、購入意欲をあおるように演出することもできる。

もちろん、街中に無数にあるコンビニや食品スーパーやドラッグストアも受け取り拠点として使える。

売上の沈下が進む百貨店や総合スーパーとアマゾンの利害は一致している。アマゾンが日本でも大手百貨店や総合スーパー、コンビニなどを買収したとしても何ら不思議ではないのである。

アマゾンがM&Aした会社一覧

企業名	事業	買収金額（一部推定）	買収年
Whole Foods（ホールフーズ）	食料品販売	137億ドル	2017
Zappos（ザッポス）	靴のオンラインストア	12億ドル	2009
Twitch（ツウィッチ）	ゲーム配信	9億7000万ドル	2014
Kiva Systems（キバ・システムズ）	倉庫内のロボット配送	7億7500万ドル	2012
Souq.com（スーク・ドット・コム）	中東最大のインターネット通販	7億ドル	2017
Quidsi（クイッツィ）	ベビー用品のインターネット通販など	5億5000万ドル	2010
Elemental Technologies（エレメンタル・テクノロジーズ）	映像処理	5億ドル	2015
Annapurna Labs（アンナプルナ・ラボ）	イスラエルの半導体開発	3億7000万ドル	2015
Audible（オーディブル）	オーディオブック	3億ドル	2008
Alexa Internet（アレクサ・インターネット）	データーベース（ウェブ利用を追跡できる技術）	2億5000万ドル	1999
Goodreads（グッドリーズ）	書評を掲載するソーシャル・ネットワーク・サービス	1億5000万ドル	2013

NARUKE'S
EYE
アマゾンをこう見る
・05・

アマゾンがやっていることは、1980年代の日本の大企業とじつは同じ

日本の企業は海外企業に比べて、「収益性が低い」という話を聞いたことがある人は多いだろう。つまり、規模の割には儲かっている企業が少ないというわけだ。

その原因はいくつもあるが、経営スタイルが古いということがよく理由に挙げられる。つまり、経営目標として利益ではなく、売上高やシェアを重視する企業が多いと指摘する評論家が少なくない。経済環境は激変したのに、「大きいことはいいことだ」という高度経済成長時代の感覚を引きずったまま、21世紀を迎えた日本企業が多いというわけだ。だから、その姿勢を変えようという動きになっている。

だが、どうだろうか。アマゾンの成功を見ているとシェアを重視することが本当に「悪」なのかと思えてくる。

アマゾンのシェア重視は採算性を完全に度外視しているといっても言い過ぎではない。**売れば売るほど赤字が膨らんでも、競合が淘汰されれば、その後、市場を掌握できるのだから、自分が撤退するか相手が撤退するかの極端な勝負に出る。**ダイアパーズやザッポス相手にも、赤字覚悟で相手がギブアップするまで安値で

売り続けた。

こうした戦略を平然と実行するだけに、アマゾンは会社全体でも利益は出ていない。それでも、時価総額では世界有数の規模を誇る。つまり、投資家は利益が出ていなくてもアマゾンの経営戦略を評価しているのだ。

日本企業は1980年代にエレクトロニクスの世界でシェア重視で世界を席巻した。規模を大きくすることで安値での提供が可能になり、安値だからさらに売れる。たとえばパソコンに使われる半導体では、世界のトップ10のうち半数以上が日本企業だった時代もある。

日本企業はシェア重視、売上重視で停滞を招いたのではないのだ。どの事業でシェアを伸ばそうとするかを見極め、そこでいかに顧客のニーズにあったものを提供できているのかが重要なのだ。アマゾンは日本企業にビジネスの本質的な視点が欠けていたことを教えてくれている。

amazon

chapter

#06

巨大な倉庫と配送力で物流を制す

巨大な倉庫と配送力で物流を制す

アマゾンといえば、「物流」である。アマゾンにとって、物流とは他社を大きくつき離すための「サービス」ということはすでに述べた。この章では、アマゾンの物流について詳しく見ていこう。

米国の物流といえば、フェデックスとUPSが二大巨頭である。フェデックスは佐川急便、UPSはクロネコヤマトのようなものだと思ってもらえればよい。両社は世界に合計約4000カ所の拠点を持ち、1日に数千万個の荷物を仕分けしている。

フェデックスは業者向け、UPSは個人向け宅配をメインとする。UPSはその9割近いシェアを握っている。

米国で、アマゾンはその2大企業を脅かす存在になっている。アマゾンは、今までは自社の商品を顧客に届けるための物流を整えてきた。**しかし、これからは自ら配送業に乗り出そうとしているとしか思えない物流網を築こうとしている。**

特にここ数年のアマゾンの物流の強化には目を見張るものがある。商品輸送用に購入した大型トレーラーは4000台以上だ。日本の宅配便最大手のヤマトホールディングスの中型貨物自動車と大型貨物自動車の合計が約3800台である。国土の広さの違いはあるが、アマゾンの物流への取り組みの熱意がわかるだろう。

4000台のトレーラーは序の口である。アマゾンは陸送だけでなく、なんと空輸能力も備えている。つまり、自社で航空機を用意しているのだ。

アマゾンはボーイング767を貨物航空会社からリースしている。2016年8月にはECサイトの顧客に商品を届けるため「アマゾンワン」という航空機を使った輸送業務を始めた。2017年2月時点で、貨物用の航空機は16機持っている。しかも、段階的に航空機のリースを2・5倍の40機まで増やすと発表している。

飛行機のリース料は、1機が1カ月で50万~70万ドルとも言われる。仮に60万ドルとすると、現在支払っているリース料は月960万ドル。40機では月2400万ドルになる。

航空機で運ぶとなると、空港という拠点も必要になるだろう。アマゾンはこれも自社で保有しようとしている。

2017年1月に、アマゾンは初の航空貨物物流センターの建設を計画していることとを発表した。建設予定地はシンシナティのノーザンケンタッキー国際空港内で、面積は18万5000平方メートル。東京ドーム約4個分の面積だ。

センターの開設予定日は明らかにしていないが、約15億ドルを投じる予定で、完成すれば2000人超の雇用が生まれる。

海上輸送に乗り出し、輸出の仲介業者を中抜き

アマゾンはこの空港の物流センターや航空機を使って、アマゾンに出品している中国企業向けのサービスを計画しているという。

中国では、政府の規制によりアメリカの商品を売ることは難しいので、流れは、中国からアメリカへの一方通行だ。中国で生産された商品を米国や日本、ヨーロッパなどに運ぶことで顧客の事業拡大を後押しする。

アマゾンは中国の小売企業向けにウェブサイトを開設している。現在はアマゾン出品用のサービスだが、自前の航空機を保有してとなると、これは小売業者が自社だけの物流を補完するレベルの取り組みではない。輸送業に本気で乗り出そうとしているのだと、競合他社が戦々恐々とする理由がわかるだろう。

ちなみにアマゾンは、中国の業者がアマゾンの米国サイトで販売する商品を海上輸送する業務はすでに手がけている。

陸上のみならず海上にまで手を広げたわけだが、自社で船を持つわけではない。アマゾンは中国─米国間でＮＶＯＣＣと呼ばれる事業を担っている。

ＮＶＯＣＣとは「Non Vessel Operating Common Carrier（ノン・ベッセル・オペレーティング・コモン・キャリア）」の略だ。これは、輸送機関を自社で保有せずに、他社の船を使って運送する。

海上の輸送は、通関や書類手続きに始まり、積み荷のスペースの確保や港から倉庫までの輸送など、必要な業務の幅は広い。これらの手配を行うのをＮＶＯＣＣという。アマゾンの高度なＩＴ技術がこれを可能にしている。自社で輸送機関を持たないので、逆に最適な輸送ルートを選択できる利点もある。

話が逸れるが、コモンキャリアとはもともと自前の蒸気船を保有する海運業者を指す言葉であった。現在でも海運業界で使われているが、今ではむしろ通信の世界で、通信設備を持つ、巨大電気通信事業者のことを意味する。日本では、ＮＴＴグループ（東・西）・ＫＤＤＩ・ソフトバンクの3社だ。

海上輸送と同じく、通信の世界でも自社で設備を持たず、コモンキャリアから回線を借りて事業を展開する企業は多い。これらは、ＭＶＮＯ（Mobile Virtual Network Operator）と呼ばれる。たとえば、ＬＩＮＥモバイルやＵＱｍｏｂｉｌｅ、ＤＭＭｍｏ bileなどもすべてMVNOだ。

アマゾンが海運事業に参画したことで、アマゾンに出品する中国企業は輸送段階からアマゾンに一括して委託することができる。海運の手続きの煩雑さも省けるし、コストも下げられる。

それだけではない。アマゾン自身も中国のメーカーから仕入れた製品をより安くアメリカの消費者に提供できるようになる。輸出の仲介業者などを中抜きすることができるからだ。

また、アマゾンにはパソコン関連などの自社製品があるが、中国で生産されている商品が多い。輸送を自社で手がけることでコストを下げて、プライベートブランド商品を低価格で販売できる。

アマゾンは現在はNVOCCとして海上輸送を手がけるが、輸送量が増え、自前で船を持つ方が合理的と判断すれば、船を保有するだろう。これまで見てきたように、顧客に安く商品を届けるには手段を選ばない。それがアマゾンなのだ。

アマゾンがなぜ輸送力を強化したのかというと、配送費の増大がある。米国の宅配業界は、個人向け宅配ではUPSが9割近いシェアを握る。寡占しているのだ。だから、通販サイトなど多くの業者が割高ともいえる料金を飲まざるをえない状況になっている。

アマゾンが拡大するに伴い、配送費は年々膨らんでいる。２０１４年度に１００億ドルを超え、２０１５年度には１２０億ドルに迫っている。配送費だけで、日本円にして1兆円を超える金額を支払っているのだ。

ちなみに、１兆円と言えば、日本最大手のヤマト運輸の配送事業クラスの規模である。これとほぼ同じ額をアマゾンは払っているのだから、配送費負担の大きさが理解できるだろう。アマゾンの売上高に対する配送費の割合は10%を超えており、配送費用を減らすことがアマゾンの課題になっている。

「ラストワンマイルを制するものは、物流を制する」

トレーラーや航空機などを使った派手な物流網の構築について触れたが、アマゾンの物流といえば「ラストワンマイル」である。

ラストワンマイルとは、消費者の最寄りの物流倉庫から家までの最後の区間を意味する。元々は、通信業界の言葉で、基地局から利用者の建物を結ぶ区間を指すものだが、最近では、このような意味で物流業界でも使われるようになった。

電話線は、物理的に電線で基地局から利用者の建物まで結ばなければならない。それと同じく、物流のラストワンマイルも、同じように物理的につなげなければいけないから、何千カ所という配送センターが必要で、何万人というドライバーを雇わなければならない。もちろん、それができる企業は限られている。

物流では、このラストワンマイルの費用が最も大きく、ここのコスト削減ができる

かどうかが鍵を握っている。アマゾンはラストワンマイルのために試行錯誤している。

まず、米国で２０１１年秋に「アマゾンロッカー」を開始。ショッピングセンター内などに宅配ロッカーを作り、そこで注文した商品を受け取れるようにした。また、２０１５年2月からは、大学の近くに注文品を受け取れる有人の拠点を相次いで設け始めた。「アマゾンプライム」や大学生版のプライム「アマゾンスチューデント」の会員が22時までに注文すれば、配送料無料で翌日にピックアップできる仕組みだ。

２０１５年9月には、ウーバーのような配達システムの「アマゾンフレックス」を始めた。

試験段階のものもある。たとえば、シリコンバレーには食料品が受け取れるように、小規模な倉庫がいくつか稼働している。この受け取り倉庫自体は、まだ社員向けの実験段階だが、事前にネットで注文し、日時を指定して、店舗に行くと、従業員があらかじめ注文した商品を袋に詰めて用意しており、車のトランクまで運んでくれる。

ラストワンマイルにとって重要なのは、物流倉庫だ。当たり前のことだが、顧客の近くに置けばおくほど、商品を早く届けることができる。広いアメリカならなおさらだ。

１９９７年の株式公開時には、アマゾンは大型物流センターを、ひとつしか持っていなかった。２００８年には20センターを超え、２０１５年には80センターを突破した。『アマゾンと物流大戦争』（ＮＨＫ出版新書）によると、当初アメリカのアマゾンの物流センターは、消費地から数百キロメートル離れたところに立地していたが、現在では、基本的に百キロメートル以内に設置することが多い。こうすることで、ラストワンマイルのコストが低くなる。近くなれば、トラックの走行距離が短くなり、何度も行き来できるので、配達荷物も多くできる。

投資銀行パイパー・ジャフリーによると、現在、アメリカの人口の44％がアマゾンの施設から20マイル（約32キロ）以内に暮らしている。広大なアメリカの、ほぼ半分が32キロ以内とは恐れ入る。しかもそれは、２０１０年には、たった5％だったのだ。

物流業者とはこうつきあう

倉庫の効率化はもちろんだが、物流におけるアマゾン最大の改革は物流業者の見直しだろう。2011年頃からアマゾンは脱「UPS依存」を進めているという。

米国では、個人向け宅配ではUPSが強い。アマゾンも当初はUSPを利用していたが、2013年時点では、アマゾンの約7億個の米国出荷の内、35%で最も高いシェアを握っていたのは、UPSではなく、USPS（アメリカ合衆国郵便公社）という組織だ。UPSは、その次の30%だったという。

USPSは、成り立ちは日本郵便のようなものだが、米国ではすこぶる評判が悪い。サービス力が低いのだ。しかし、アマゾンはそのUSPSを最大の配送手段として使いながら、USPとフェデックスしか米国では実現していない日曜や祝日配送を行っている。これは、業界には大変な驚きを与えた。

アマゾンはなぜ、それを実現できたのだろうか。物流最大の負担は、倉庫内の荷物の仕分けだ。じつは、アマゾンはこの仕分け作業を、ＵＳＰＳに変わって担っていたのだ。ＵＳＰＳは、仕分けられた物を運ぶだけになったため、負担が大きく減り、日祝配送が可能になったというわけだ。

またアマゾンは当日配送用に、地域の配送会社も積極的に利用している。顧客に近いところにある自社の物流センターからも、よりもっと近くなる地域配送会社に自社トレーラーで商品を運んでいるという。

２０１５年頃からは、ロサンゼルスやシカゴ、マイアミといった大都市で、送料無料の「プライム」会員向けに自前配送も開始しはじめた。もちろんここで使うトラックも、アマゾンが管理する車である。

このとき、ごく一部の顧客向けにはアマゾンから荷物を送れるという集荷のサービスも開始している。箱とこん包材を配布し、アマゾンを宅配サービスとして利用してもらう試みにも取り組んだのだ。トラックが配達先から倉庫に戻るときにトラックを空にせず、荷物を運べるようにして効率を高める狙いだ。

こうやって、脱「ＵＰＳ」のために、物流拠点の立地を見直したり、一部の機能を自社で担ったりして、着実に推進している。自社で物流ネットワークを築くことで、運送会社との価格交渉力も持てるようになった。

アマゾンはあくまでも「物流事業を手がけることは、クリスマスなどの繁忙期の配送能力の補完」と公言しているが、物流業界で額面通り受けとめる者はいない。

一部報道によると物流網の整備を社内では「都市を食い尽くせプロジェクト」と名付けている。物流大手に対抗できる自前の輸送事業構築に向けた基礎作りとしているらしい。

そのプロジェクトを裏付けるかのように、荷物を受け取れる「アマゾンロッカー」は減少傾向にあるし、小規模運送会社との取引も縮小している。

小売業界の業界地図を塗り替えたように、物流業界でもアマゾン脅威論はもはや現実であることがわかるだろう。

「いよいよ自社以外の配送業に乗り出した――ＳＷＡ」

２０１８年2月、アマゾンが「Shipping with Amazon（ＳＷＡ）」と呼ぶサービスの準備を進めていることが明らかになった。これは、ついに自社以外の配達サービスを始めるということだ。企業から荷受けして、消費者に届ける。

これまで述べたようにアマゾンは、すでに米国では自社配送を始めている。ＳＷＡでは、配送時に生まれるトラックの空きスペースに他社の荷物も積み込むということだ。

アマゾンの通販サイトに出店する事業者とともにロサンゼルスで試験実施して、年内に他の都市にも広げる。**ＵＰＳやフェデックスよりも安い配送料を実現して、顧客を取り込む狙いだ。**

当初は、アマゾンへの出品企業からの集荷に限定するが、将来的には出品企業以外にもその配送サービスを提供することを視野に入れている。米国のメディアは、ＳＷ

Aの開始でアマゾンが遂にＵＰＳやフェデックスに対抗して、輸送事業に本格的に乗り出すのではと色めき立っている。

しかし、物流の専門家はこうした論調には懐疑的だ。既存の宅配大手業者は何十年もかけて輸送網を構築してきた。これまで何度も出てきたとおり、特にラストワンマイルを含む輸送網の構築はたいへんなものだ。フェデックスは今なお年50億ドル規模の投資を続けている。アマゾンがこれから対抗するには莫大な時間とお金がかかるというわけだ。

アマゾンがＵＰＳやフェデックスを凌ぐ存在になるかは正直、わからない。おそらく、アマゾン自身もどのように物流事業を広げていくか、その構想を描いているかも怪しい。

なぜなら、アマゾンの物流網の整備の出発点は、あくまでも、自社サイトで販売する商品をより早く顧客に届けるための手段だからだ。ＳＷＡも、トラックに空きがあるから他社の荷物も運ぶということだけだ。ＵＰＳやフェデックスからシェアを奪うのが目的ではない。**ただ、より早く商品を届けるために、物流センターを相次いで建設し、航空機を自前で用意し、都市部で自社配送を始めているだけだ。**

とはいえ、自社配送が拡大すれば、トラックの台数も増える。空きスペースの総量も自然と増え、そうなれば他社の荷物の取扱量も増える。

アマゾンは、自社配送では従来の運送会社が対応していない時間など、配達時間を増やすことも検討しているという。実現すればおそらくSWAでもそれは利用可能になるだろう。

既存の宅配企業に比べて、安いだけでなく、配送も柔軟に対応してくれるようになれば、依頼する企業にしてみれば、アマゾンを積極的に利用するようになる。アマゾンが意図しようがしまいが、宅配業界でシェアを確実に高めていくことになる。これこそアマゾンのアマゾンらしい恐ろしさだ。

なぜ日本では自前の物流を持たないのか

アマゾンは、まだ日本では自前の物流網の構築に乗り出していない。その背景には、日本の宅配業界の水準の高さがあった。前述した通り、ラストワンマイルの物流を築くのは力がないとできず、売上から考えると、日本では、日本の物流に任せた方が安上がりだからである。

全国どこでもほぼ翌日に届く上に、配達時間帯の指定もできる。国土の大きさの違いはあるにしても、米国では考えられないサービスの良さだ。

単価に比べて提供されるサービスが高ければ、こだわりなく外部に委託するし、見合わなければ自前化する。それがアマゾンだ。

アマゾンの荷物の個数は日本、世界いずれも明らかになっていない。東洋経済オンラインの推定によると、日本での個数は2016年時点で4億個と推定している。このうち65%、つまり、約2億5000万個をヤマトが請け負っている。これはヤマト全体で取り扱う荷物（当時16億個）の約15%に相当するという。ヤマトにとっては、最大手の取引先だ。

しかし、アマゾンはヤマトにとって、決して良い「お客さん」ではない。両社の間で、どのような取り決めがあったかは定かではないが、ヤマト運輸にとって、売上は上がってはいるけれど、人件費や経費などを引いた実質の利益は少ない。つまり完全に薄利多売のビジネスモデルなのだ。アマゾンは大口顧客ではあるものの、取引は損益ギリギリなのである。ヤマトは2017年の春にアマゾンの当日配送からの撤退を決め、他は値上げ要請をした。

ヤマトのアマゾン向けの運賃は280円前後とされており、これはヤマトの全体平均の約半分だ。ヤマトはアマゾンと400円台以上とする方向で合意した。少なくとも荷物1個で120円の値上げになる。2億5000万個（18年現在、もっと増えていると思うが、ここでは据え置く）とすれば、約300億円の運送費の増加になる。売上高1兆円を超えるアマゾンの日本部門とはいえ、このコスト増は頭が痛い問題だ。じつはヤマトの2017年3月期の本業の儲けを表す営業利益は、前期に比べて半分にまで縮小している。

ヤマト運輸の営業利益

佐川急便の営業利益

単位：円（億以下切り捨て）

ヤマトホールディングス、SG ホールディングスの数値。

業界2位の佐川急便は、2013年にアマゾンとの契約を打ち切っている。その前年から、売上よりも利益重視の路線に舵を切り、荷主との値上げ交渉に乗り出していたからだ。**アマゾンは値上げに応じなかったため、佐川は大口顧客を失うことになったが、全体の利益率は上昇している。**

国土交通省の調べによると、2015年度の日本の荷物は約37億個。37億個ということは、日本では、1日1000万個の荷物が流通していることになる。前年度に比べて1億3114万個増えており、今後も増加傾向にあるのは間違いないだろう。ドライバー不足による再配達の負担は重くなるばかりだ。

ヤマト運輸はアマゾンだけでなく、大口顧客1000社に対して、基本料金を27年ぶりに値上げした。佐川急便はもちろん、日本郵便も値上げに踏み切る方針だ。ヤマトが値上げしたことにより、ニッセンは配送料を値上げし、「ゾゾタウン」は当日配送を止めた。

業界内では、ヤマトは大口1000社をAからDランクまで4つのランクに分けて交渉を進めたと囁かれている。Aランクは、値上げどころか採算が悪く、取引先に即時停止を要請するレベルで、アマゾンはそれに次ぐBランクだったという。相当な値上げを要求する先に分類されていたのだ。

ヤマトは値上げだけでなく、宅急便自体の取扱いの総量も減らす方針を打ち出している。アマゾンは日本での物流戦略の抜本的な再考を迫られている。

業界3位の日本郵便がアマゾンの穴埋めをするとの報道もあったが、日本郵便の総取扱い個数は7億個前後。同社の輸送網などキャパシティを考えれば、ヤマトが扱う2億5000万個とも言われるアマゾンの荷物をさばくのは無理がある。2017年度に日本郵便の取扱い個数は8億758万個まで増えたが、アマゾンもヤマトに頼らざるをえず、値上げを飲まざるをえなかったのだろう。

とはいえ、アマゾンの米国の動きから考えれば、ヤマトの提示する料金体系に応じ続けるとは考えにくい。このように、ヤマト運輸がアマゾンに自前化の引き金を引かせている。今後、アマゾンは短期的にはヤマトの値上げをのみながら、日本でも自前の宅配網に本腰を入れるだろう。

「注文から一時間で商品を届ける仕組みとは」

日本では、アマゾンは基本的には自前で物流を持っていないと述べたが、例外がある。それが、注文から最短1時間以内に商品が届く「プライムナウ」や、一部の「当日配送」などだ。顧客の生活に合わせた、新しい形の物流だ。消費者にとっては便利すぎるサービスだが、いったいどうやって可能にしているのだろうか。

1時間での配送を掲げるプライムナウは、自社で用意した車両や、軽貨物を運ぶ「デリバリープロバイダ」と呼ばれる業者を使ってサービスを提供している。

米国同様、もちろん日本でもラストワンマイルに力を入れている。アマゾンは日本でのサービスを開始した時点で、米国での事例を参考に、将来はヤマトを使わない状況をおそらく見越しているだろう。その証拠に、「プライムナウ」だけでなく、ヤマトが撤退を検討している当日配送にはすでに別の配送網を利用している。

実際、ヤマトから当日配送の撤退検討を受けても、アマゾンは冷静だった。すでに個人運送事業者を、2020年までに首都圏で1万人確保する方針を打ち出している。

これは、ネットスーパーなどの配達をする「桃太郎便」を手がける丸和運輸機関という企業に業務委託したことで実現する。その丸和運輸は、個人運送業者を取りまとめる。これからは、首都圏以外の大都市部の配送便に関しても、このようにして個人運送業者を組織化していく可能性はあるだろう。


アマゾンは、プライムナウ専用の配送拠点を、従来の倉庫の他に都市部に持ち始めている。2017年11月時点で、ナウのサービス専用は5拠点。東京、大阪、神奈川にある。

東京都豊島区にあるプライムナウの拠点は、住宅街の中に立地し、小さな事務所のような外観で、通常の倉庫よりはるかに小さい。この倉庫の在庫は、取引データを活用して、色やサイズが多様な商品は在庫を思い切って、売れ筋だけに寄せているという。

また、商品もひとつの棚に固めず、分散させている。狭い拠点のため、複数の従業員が同じ商品をピッキングすることで作業効率が落ちるのを防ぐための工夫が凝らされている。

「物流倉庫内のプラットフォーマーでもある」

物流といえば、ラストワンマイルも大事だが、倉庫の中のシステムも重要だ。倉庫に収められている商品を効率的に出荷することは、物流にとって大きな負担であり、重要な技術である。

アマゾンの倉庫では、「ＫＩＶＡ」というロボットを活用している。アマゾンは、２０１２年に約8億ドルでキバ・システムという会社を買収した。倉庫内でＫＩＶＡというロボットを使いたいためだ。これによりアマゾンは配送センターの自動化に大きく近づいたことになる。

ＫＩＶＡの導入以前は人間がピックアップをしてたのだが、倉庫が広すぎて、もう人間では追いつかなくなった。従業員の１日の移動距離は最大32キロだった。

ＫＩＶＡは、掃除ロボットの「ルンバ」に似た、オレンジ色の機械で、棚の並ぶ倉庫内を人間に代わって動き回り、棚の下に入り込み、商品を棚ごと回収して、持ち場にいる従業員のところまで届けてくれる。

ＫＩＶＡを導入することで、以前だとピッカーと呼ばれる従業員がピッキング作業用のカートを何時間も押していた作業が、数分で完了できるようになった。世界中で10万台が稼働しているとみられ、日本でも神奈川県川崎市の物流倉庫に導入されている（２０１8年9月に、大阪府茨木市に2拠点目になる倉庫を開設し、導入する）。

ちなみにアマゾンがＫＩＶＡを使うのには別の理由もある。

アマゾン以外の数多くの倉庫は「自動倉庫」という巨大な装置を置いている。これは、倉庫での作業を自動化させるもので、リフトやベルトコンベアなどの自動運搬機器をコンピューターと連動させたシステムだ。倉庫を作るときに大体導入する。

しかしアマゾンの倉庫は、もともとフリーロケーションというシステムを使っている。どの棚（ロケーション）にどんな商品を置いてもいい。これは品物のロケーションをすべてコンピューターに把握させる方法だ。

通常、自動倉庫では、この商品はこの棚、と決まっている。たとえば百科事典ならば百科事典の棚にまとめて第1巻から第10巻まで順番にある。しかし、アマゾンの場合は百科事典の第1巻の隣には小説や雑誌まで、来た順にバラバラに並び、それを逆にコンピューターに記憶させるのだ。こうすることで、膨大な量の商品の棚を決めなくて済み、棚の無駄もなくなる。

品物を取り出すKIVAは、コンピューターが指示する「A列の31番の上の棚においてある品物を1個取り出せ」という命令を実行するだけだ。

自動倉庫には、デメリットとして製品ごとにロケーションを決定させなければならないということがあるが、フリーロケーションならば、たんにスペースさえ作れば、あとは商品を置いてKIVAに運ばせるだけですむ。そのため、倉庫の棚を商品のサイズに関係なく作ることができる。フリーロケーションは、新製品や廃品が発生しても棚割りを見直す必要がなく、商品入れ替えの対応が楽なのだ。アマゾンのように、商品点数が多く、商品の入れ替えが激しい企業にはぴったりである。

つまり、アマゾンの倉庫は建物さえあれば、「自動倉庫」などという巨大な装置を使わなくても即座に操業開始できるのだ。フリーロケーションとKIVAの組み合わせがあれば、面倒なベルトコンベアや自動ピッキング装置などのメンテナンスなども不要になる。

また、2012年のKIVAの買収に際し、アマゾンは恐ろしい一手を打った。それまでKIVAのロボットシステムを導入していた企業との契約を更新させなかったのだ。つまり、他社ではもうＫＩＶＡを一切使えないのだ。

アマゾンは、ＫＩＶＡ買収後にはロボットのアームなどの研究開発を加速している。ＫＩＶＡ買収の目的は、もちろん自社の倉庫の効率化が目的だろうが、倉庫ロボットの分野でもアマゾンのプラットフォーマーへの野望が見え隠れする。

amazon

chapter

#07

プラットフォームの主になるには

業界で打って出るにはプラットフォーマーになることがなにより第一

グーグル、アップル、フェイスブック、アマゾンらＧＡＦＡの、社会に対する影響力はすさまじいものがある。新興のテクノロジー会社というくくりだけでなく、４社に共通するのは「プラットフォーマー」と呼ばれる企業であることだ。

プラットフォーマーの本来の定義は「第３者がビジネスを行うための基盤（プラットフォーム）を提供する企業のこと」だが、**強いプラットフォーマーは、高い市場シェアを握ることによって、業界のルールを自らが決めることができる。**たとえば、石油がそうだ。日本に石油の大手元売り会社は４社しかなく、ガソリンの値段を自由に決めることができる。それによって、ガソリンスタンドの石油の値段は変わってくる。

プラットフォーマーの取りしきる場所で仕事をしたければ、プラットフォーマーが決めたルールに従わざるを得ない。当然ながらルールはプラットフォーマーに都合よく作られる。つまり、プラットフォーマーの椅子に座ることがなにより重要になるのだ。

アマゾンがプラットフォーマーとしてルールを握れるのは、品揃えの多さと、マーケットプレイスなどでの出店数が多いからというのはもうおわかりだろう。

支配的な地位を築くことは、「ネットワーク効果」を生かすことに他ならない。

「ネットワーク効果」とは黎明期のアメリカの電話会社で見られた経済効果である。20世紀初頭に2社の電話会社があったとしよう。電話会社Aには1000人の契約者が、電話会社Bには5000人の契約者がいる。そして、AとBの会社間では、相互に電話をできなかったと仮定する。

当然A社の契約者は残りの999人としか電話は通じない。逆にB社の契約者は4999人とつながることができる。人々は、B社の方が便利だと契約をし、その後契約者数はますます伸びることになる。

このように、そのネットワーク内の顧客が多くなればなるほど、ネットワークの価

ネットワーク効果

A社

A社は999人としか
話せない。

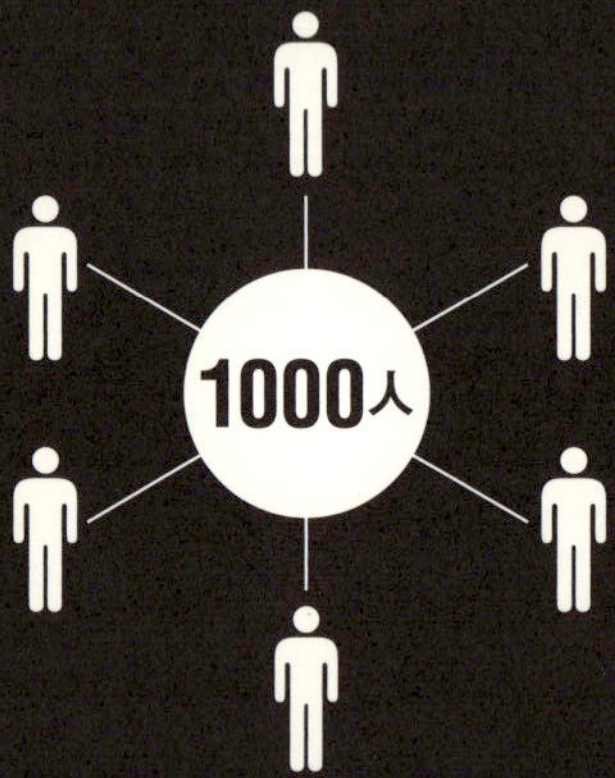

B社

B社は4999人と
話せる。

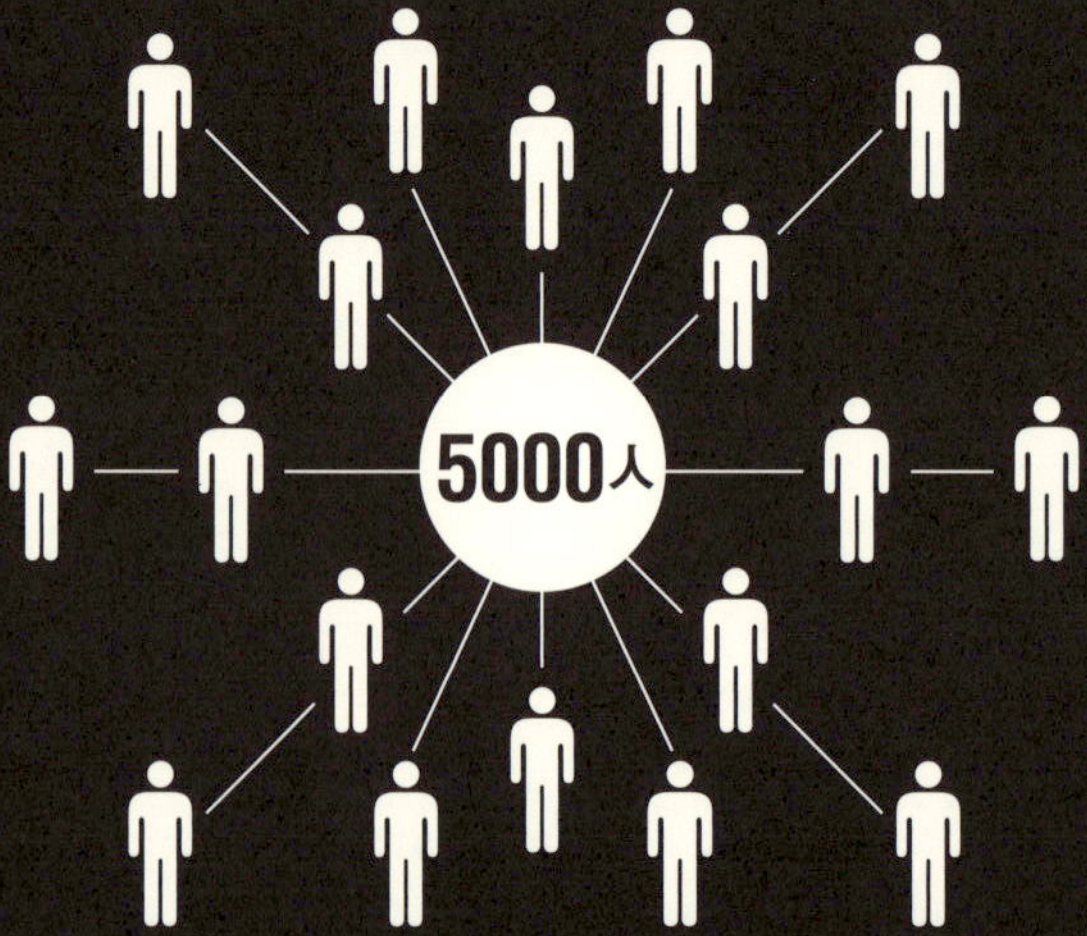

B社の方が価値が高い

値が高まり、利便性がますます高くなるのが「ネットワーク効果」である。しかもこれは、ネットワーク内の人だけではなく、外部の人間から見ての価値も高くなる。

この現象はWindowsなどのＯＳにも見られた。当時日本で販売されていた「一太郎」というワープロソフトが劇的にシェアを伸ばしたのだ。多くの人が「一太郎」を使ったため、その文章を読むためだけに「一太郎」を買う人が現れたのだ。もちろん、Windows本体も同様に独占的に売れた。

アマゾンの場合はもう少し複雑である。プライム会員をはじめとした膨大なユーザーがいるからこそ、商品の点数も供給者数も増え、それゆえにユーザー数も増えるというサイクルに入ったのだ。

この章では、各ジャンルに進出するアマゾンが、それぞれどんな業界にどういう手段で「プラットフォーマー」となっていったのかを見ていくことにする。

また、２６１ページの表を見てほしいのだが、もうひとつ言えるのが、アマゾンは新しいサービスへの参入が早く、また撤退も早いということだ。

忘れている人も多いかもしれないが、たとえば、米国ではスマートフォン事業に２０１４年に進出し、そして翌年撤退している。

見切りが早いのもアマゾンの特徴であ

る。

アマゾンは、巨額のキャッシュがあるからこそ、たくさんの投資をつぎ込み、新たな事業を次々と立ち上げられ、そして失敗ができる。

表の中の事業には、他の事業の大成功の源になるものもある。アマゾンは、甚大なキャッシュに支えられるがゆえに、失敗を恐れない会社ということもできよう。これも、プラットフォーマーになるためのひとつの条件なのだ。

アマゾンがこれまで撤退した事業一覧

出典：http://www.dhbr.net/articles/-/4957

開始（年）	終了（年）	事業名
1999	2000	アマゾン・オークションズ
1999	2007	Ｚショップス
2004	2008	検索エンジン「Ａ９」
2006	2013	アスクビル（Ｑ＆Ａサイト）
2006	2015	アンボックス（テレビ番組や映画の購入・レンタル）
2007	2012	エンドレス・ドットコム（靴とハンドバッグの専門サイト）
2007	2014	アマゾン・ウェブペイ（Ｐ２Ｐ送金）
2009	2012	ペイフレーズ（合い言葉による決済）
2010	2016	ウェブストア（オンラインストア立ち上げ支援）
2011	2016	マイハビット（会員制タイムセール）
2011	2015	アマゾン・ローカル
2011	2015	テストドライブ（アプリの購入前試用）
2012	2015	ミュージック・インポーター（音源アップロードプログラム）
2014	2015	ファイアフォン
2014	2015	アマゾン・エレメンツ（プライベートブランドのおむつ）
2014	2015	アマゾン・ローカルレジスター（モバイル決済）
2014	2015	アマゾン・ウォレット
2015	2015	アマゾン・デスティネーションズ（宿泊予約）

ベイン・アンド・カンパニーによるアマゾンの分析

「卸の中抜き」は安値の基本――出版業界

出版業界の凋落が止まらない。出版科学研究所の調査によれば、2018年における日本の出版物の販売金額は、1996年の約50％まで縮小するらしい。なかでも雑誌はとくに深刻で、20年連続前年割れである。

この状況下では大手出版社も背に腹を変えられなくなった。

日本の出版物は、卸である「取次会社」を通して書店に流通されるのが伝統である。しかし、アマゾンは日本では取次会社を介さずに本を出版社から仕入れる「直接取引」を拡大する方針に舵を切っている。いわゆる取次を省略する「中抜き」だ。

前述したようにアマゾンはカスケードという方式で、日販やトーハンという取次業者から書籍を仕入れている。たとえば、仕入れたい本が、どの取次業者にも在庫がなかったとしよう。その場合は、アマゾンは取次に注文を入れ、取次が出版社に注文していた。それが日本の出版業界のルールだからだ。注文された書籍は、出版社の倉庫から取次の倉庫を経由して、アマゾンの倉庫に届けられる。そのため、たとえ出版社の倉庫に在庫があっても、アマゾンの画面には在庫切れと表示され、ユーザーに届くまでにはだいたい1週間ほどかかっていた。

2017年6月、アマゾンはその方式を変更した。取次に在庫がなかった場合に限って、直接、一部の出版社に発注しはじめたのだ。結果的に、売れ行きが好調で増刷がかかった雑誌などの売れ残りが減ったようだ。雑誌は次の号が出るまでが賞味期限、鮮度が命だからである。

2018年2月からは、取次に在庫があるなしにかかわらず、アマゾンは新刊や雑誌を出版社から直接受け取る体制を強化した。取次を介さない中抜きが本格的にはじまったのだ。

アマゾンと直取引すると、出版社にもメリットがある。取次を通す時間がなくなる分、アマゾンの在庫がなくなった場合の期間が短くでき、機会損失を防ぐことができるからだ。また、出版業界には、売れなかった本を書店が返品していいという返品制度があるが、アマゾンはその返品率が低い。データに基づき、きっちり売るのだ。

生産者である出版社と小売りであるアマゾンが直接取引し、商品である書籍は生産地である印刷工場か、もしくは出版社の倉庫から直接アマゾンの各倉庫に送られる。アマゾンは、各出版社ごとに卸価格も提案しているというから、仕入れ値も下がったことだろう。取次から買わなければならない多くの書店との収益格差は広がるばかりだ。

じつは万引きの問題も見過ごせない。元来、書店の取り分はとても少なく、小さい書店だと万引きが多いと倒産する、という話は聞いたことはないだろうか。書店の取り分は、大体2割ほどだと言われている。1500円の本だと300円の計算だ。

2008年のデータだが、JPO日本出版インフラセンターによれば、書店の万引きロス率は1・41%である。一方、大手取次の日販によれば2017年の書店の営業利益率は0・11%だ。つまり万引きさえなければ書店の利益は10倍以上になることになる。

店舗を持たないアマゾンには万引はない。

もうお気づきだろうか。ECサイトだというだけで、少なくとも一般書店の10倍の利益を上げていたことになる。さらに取次を外すことでこの利益差は大きくなる。

取次の手数料は5~8%といわれている。アマゾンが物流会社に配送料を支払っても、通販を遂行できる所以である。

出版業界でアマゾンが黒船扱いされてきたのは、見たこともない手口を使って業界に殴り込みしているように見えるからだろうが、じつはこの「卸の中抜き」は、小売業者にとっては当たり前のことだ。

ダイエーやイトーヨーカ堂もそうやって商品を安く仕入れることで大きくなった。**アマゾンは、小売業として新しくもない当たり前のことをやっているだけだ。**ただ、そのスピードが速く、何でも実現できる大量のキャッシュがあるというだけのことだ。

スーパーの脅威になる「アマゾンフレッシュ」

これまで何度か触れているが、アマゾンが最も進出しにくい領域とみられているのが生鮮食品事業だ。

アメリカでは、品質や鮮度の確認が難しい生鮮食品を、ネットで購入するのに抵抗がある人が他の国より多いようだ。米投資銀行のモルガン・スタンレーの調べによると、アメリカ国内での生鮮食品ネット販売は食料品市場全体の1・6％に過ぎない。フランスは5％、英国は7％なので、市場の小ささがわかる。

実際、アマゾンはアメリカで2007年にECサイト上で「アマゾンフレッシュ」を始めたが、苦戦が続いた。ネットで注文をした精肉、鮮魚など生鮮品を含む約50万点の商品を、注文当日か翌朝に受け取れる仕組みだ。注文数が少ないことはもちろん、配送費や会費、鮮度の問題なども課題として重くのしかかっていた。それは、アマゾンフレッシュが、当初プライムと合わせて年会費299ドルだということにも表れているかもしれない。アマゾンプライムが99ドルなので、ターゲットは所得が高めの層だといえる。

とはいえ、アマゾンフレッシュも、当初はシアトルだけでの展開だったが、順調にサービス提供地域を増やしており、特に大都市で売上を伸ばしているという。2013年にロサンゼルス、サンフランシスコ、2014年にニューヨーク州の一部地区やサンディエゴで展開している。

アマゾンフレッシュが軌道に乗りそうだという判断からなのか、2016年には料金体系を値下げ。プライムの年会費99ドルに毎月14ドル99セントを追加することで利用できるようにした。

フレッシュは、日本でも2017年4月に始まっている。最短4時間で届けてくれる。

手頃な価格のものから高級品まで揃っており、目的の商品を買いやすい。たとえば、牛肉ならばオージービーフから松阪牛まであり、産地別、部位別、価格別にも検索できる。アマゾンの仕入れとは別に、人形町今半のすき焼き用の肉など、有名専門店の出品もある。冷凍食品も多い。

生鮮食品は真空包装されており、「鮮度保証」のマークがつけられ、鮮度に不満があれば返品できる。配達の受取日時は28日先まで指定でき、朝8時から深夜0時まで2時間ごとに分かれた8つの時間帯から選べる。

たとえば、仕事が忙しい母親が、子どもの弁当の材料を買いに行く暇がない場合も、正午までに注文すれば、その日夜遅くに帰宅してから受け取れるという、これも「お客様第一」のサービスだ。アマゾンの配送力がなければとても展開することはできない。

対象エリアは、サービス開始当初には東京の都心部6区に限られていたが、すぐに18区2市まで拡大。神奈川県川崎市や千葉県浦安市などにも展開している。

日本での料金は、アメリカと比べてかなり安い。アマゾンのプライム会員向けに、プライムの年会費3900円と別に月額500円で提供する。これも、会員数を増やした後に価格を上げるということだろうか。配送料は1回あたり500円がかかるが、6000円以上の買い物で送料は無料になる。今後、アマゾンフレッシュが、既存のスーパーにとって脅威になるのは間違いないだろう。

アマゾンフレッシュはネットとリアルを行き来する

だが、何度も言うとおり、既存の小売事業者にとっての本当の脅威は、アマゾンがネットのみならず、リアル店舗も視野に入れている点だ。

本来小売りは、小さなエリア内のサービスだ。スーパーで考えてみてほしい。各地域にそれぞれ根づいている大型スーパーも、県外に出ると、まったく知名度がないということは多々ある。

対してネット通販は、全地域に対するサービスである。だから、知名度が高い。利用者の接触率が高いから、ネット通販がリアルに乗り出すことは有利だ。メルカリやゾゾタウンもリアルに乗り出すとかなりシェアを握れるだろう。また、全国どこにでもあるコンビニもネット通販をやるべきかもしれない。

米国のアマゾンは、食品スーパーを今後10年間で最大で2000店出店することを計画していると報じられている。店舗名は「アマゾンフレッシュ」。ネット通販と同じ名称だ。

現在、すでに社員向けにテスト実験中だが、店舗で数千種類の商品を買えるだけでなく、事前にネットで注文し、日時を指定して商品を受け取ることも可能だ。顧客が店舗に行くと、従業員があらかじめ注文した商品を袋に詰めて用意しており、車のトランクまで運んでくれる。注文から15分で商品の準備を完了してもらえるという。

このアマゾンフレッシュの店舗は、物流拠点としての利用も視野に入れている。ネット配送用の生鮮食品の倉庫としても使えるのだ。こうすることで、ネット通販の方の物流拠点もでき、より一層広がるというわけだ。リアルとネットと両方を構えることは、こういう意味もある。「ラストワンマイル」（物流における、ユーザーの手元に商品を届けるまでの最後の区間）を推し進めるアマゾンにとって２０００店の店舗網は強力な武器になるはずだ。

小売業界では、コストコやウォルマートが都市部で即時配達サービスに進出している。アマゾンがネットから実店舗に進出しようとするのと反対に、実店舗からネット通販に動き出した格好だ。

ただ、こうした小売業者はネットでの注文業務は外注している。ネット通販のシステムの構築や、配送するまでの実際の業務を自社で行うには、ノウハウが必要だ。ネット通販から出発したアマゾンだからこそ、ネットとリアルの世界を自由に行き来できるのである。

「アマゾンペイ」で決済ジャンルの覇者に

アマゾンは、自社サービスの外でも、プラットフォーマーとしての影響力を発揮しようとしている。それが「アマゾンペイ」と呼ばれる決済機能だ。

新しいサイトでモノやサービスを購入するときに、わざわざ個人情報を登録したり、IDやパスワードを忘れたりして煩雑きわまりない思いをしたことがある人は多いだろう。

アマゾンは2007年にアマゾンのアカウントを利用して買い物ができるID決済サービス「アマゾンペイ」を開始した。日本でも2015年5月からサービスを始め、大手衣料品サイト「ゾゾタウン」や劇団四季など1300社以上が導入している。

導入企業にしてみれば、多くの人がすでに持つアマゾンのIDを使ってもらうことで、ネット販売での最大の障壁を乗り越えることができる。アマゾンにしてみれば、決済代行の手数料が稼げ、アマゾンで扱っていないようなブランドまで決済を通じて取り込めるのだ。また、データも持つことができる。まさに「お客様のために」、そして、今ある機能を横展開というアマゾンらしい進出だ。

ＥＣ業界で存在感を増すアマゾンペイだが、今、切り拓こうとしているのがリアル店舗での使用だ。

米国ではすでに、一部の飲食店やレストランでアマゾンペイが導入されている。アプリを開くと、位置情報から近くの利用可能な店舗が表示される。そこで食べたい店があったら、事前に注文し、スマートフォン上で注文から支払いまで完了する。その後店に行くと、すでにオーダーがされているので、料理が出るまでの時間も大幅に短縮される。

こうした電子決済の普及は世界中で進むだろう。すでに中国では、紙幣よりもスマホ決済が主流だ。大型店舗や交通機関はもちろん、道ばたで物を売る露天商までがスマホに対応している。アリペイやウィーチャットペイが高いシェアを握っており、電子決済がなければ生活できないと言っても過言でないだろう。

電子決済の仕組みは簡単だ。店舗端末で客のスマホに表示されたバーコードを読み取るか、逆に客が店のQRコードを読み取って金額を入力するかで決済できる。

日本銀行が2017年6月にまとめたレポートによると、中国の都市部の消費者は、98・3%が過去3カ月以内にモバイル決済を利用したという。すでに、現金がなくても不自由しない社会が実現しているのだ。「アリペイの普及で財布が中国から消えるのではないか」という冗談が、今や冗談でなくなりつつある。

ちなみに、前出の日銀の調査では日本のモバイル決済率はわずか6%だった。現時点ではほとんど普及していないに近い。

中国でモバイル決済が爆発的に増えた背景には、偽札が多いことや、現金以外の支払い手段が整備されていなかったので、普及が早かったなど、単純な比較はできない。

現在、日本ではLINEや楽天などもリアル店舗での決済サービスを強化している。日本に訪れる中国人観光客の需要を取り込むべく、百貨店やローソン、ドン・キホーテもアリペイに対応している。また、政府も2020年の東京五輪の開催を視野に、現金を支払い手段としない「キャッシュレス社会」の実現を目指している。

アマゾンペイの店舗での支払いは日本ではまだ導入されていないが、今後お目見えする可能性は高い。

アマゾンの強みは世界で3億人とも言われる顧客数だろう。3億人がすでにアマゾンのＩＤを保有しているので、利用する消費者もわざわざＩＤを設定する必要はないし、店舗側も最も認知されたアプリでサービスを使ってもらえる。消費者も事業者も、導入する障壁が競合に比べて低いのは最大の強みになるだろう。

テクノロジーを組み合わせて新しいサービスを生み出す

また、「スマホがレジになる無人コンビニ」のアマゾンゴーの完成も、決済産業の脅威となることはお気づきだろうか。アマゾンゴー自体については後ほど説明するが、たとえば、利用者の購買履歴を把握できるクレジットカードの利用情報からは、その人の嗜好はもちろん、大体の資産状況も推測できる。

すでにアマゾンはネット販売を通じて膨大な決済情報を蓄積している。アマゾンゴーは店舗からレジをなくすことで、リアル店舗では不可欠だった決済端末を店内から一掃し、一手に握ることになる。結果として、ペイパルなどの電子決済サービスや金融機関にもアマゾンゴーの影響は及ぶことになる。**アマゾンが現在以上に決済情報を握れば、個人向けの金融ビジネスなどに進出する可能性も出てくる。**

「スマホがレジ」など想像つかないかもしれないが、iPhoneの初代が発売されたのはたった10年前にすぎない。たった11年前には地球上の全人類がまだガラケーを使っていた事実を考えれば、決して夢物語ではないのだ。

アマゾンゴーがいつ日本に上陸するかはわからないが、「アマゾンペイ」を使えば「スマホでレジ」のみならばすでに実現できるはずだ。

また、アマゾンペイでは、キャッシュレス決済のみならず、便利なサービスがたくさんある。

たとえば、アマゾンペイにはオートマチックペイメント機能がある。一定額を自動的に支払い、その範囲で商品やサービスを受け取れる仕組みだ。たとえば、1カ月に5000円が毎月引き落とされるようにし、5000円までを毎月使えるように設定できたりする。

現在アマゾンでは、オートマチックペイメントを使うときは、コンタクトレンズなど「決まった商品を定期的に届ける」という用途が一般的だ。しかしこれを、実店舗へ導入して店に来た客にQRコードをかざしてもらったり、店舗内にビーコンと呼ぶ無線機器を設置したりして認証ができれば、レジでお金を払わなくても、オートマチックペイメント機能を使って設定した金額の中で自動決済が可能になりうる。

アマゾンの経済圏は、もはやオンラインだけではない。培ってきたテクノロジーを生かして、我々の消費のあらゆる場面に食い込もうとしている。

ハイブランドも続々参入させるBtoC　アマゾンファッション

米アパレル小売最大手のメイシーズが、全店舗の15％にあたる１５０店舗を閉鎖すると発表した。２０１６年8月のことである。

メイシーズは、米国の百貨店の代名詞的な存在だ。日本でいう三越伊勢丹や高島屋にあたるだろうか。マンハッタン34丁目にある店舗は、ＮＹを象徴するスポットであり、全米最大の売り場面積を誇る。『三十四丁目の奇蹟』など映画の舞台にもなった。

メイシーズは、２０１５年9月にも最大50店舗の縮小計画を打ち出していたが、わずか1年で追加で１００店舗の閉鎖を決めたのだ。

ちなみに、日本の百貨店の総数は２０１７年5月現在で２２９店である。国土の広さがまったく違うにしても、閉店数の衝撃を実感できるだろう。そして、メイシーズを閉店ラッシュに追い込んでいるのが、アマゾンなのだ。

２０１５年時点の試算だが、アマゾンのアパレル分野の売上高は、２０２０年には

520億ドルとなり、市場シェアも5％から14％に拡大すると予測している。

ファッション小売業の売上の成長が平均で年率2・5％増だ。アマゾンは2020年までで、売上の成長が26・1％だと予想されている。ファッション全体の10倍程度のスピードで成長しているというのだから、まさに驚異的だ。

アマゾンにファッションのイメージはないかもしれない。だが、取り扱いブランドを日々拡充しており、有名ブランドがずらりと並ぶ。カルバン・クライン、ケイトスペード、ラコステ、リーバイ・ストラウスなど、有名ブランドが今ではアマゾンに直接商品を卸している。

2017年6月にはスポーツ用品大手のナイキが、卸を通さずアマゾンで一部商品を直販すると発表した。これまでナイキはブランド力を重視するため、百貨店や小売専門店で販売する方針を貫き、直販を拒んできた。だが、従来型の小売チェーンが破綻に追い込まれていく中、アマゾンでの公式販売に踏み切ったのだ。

アマゾンに卸している有名ブランドの中にも、ナイキと同じくブランディングのため、これまで百貨店のみの販売に固執していたものもある。しかし、彼らもアマゾンに商品を卸している。

アマゾンのアパレル売上高の試算

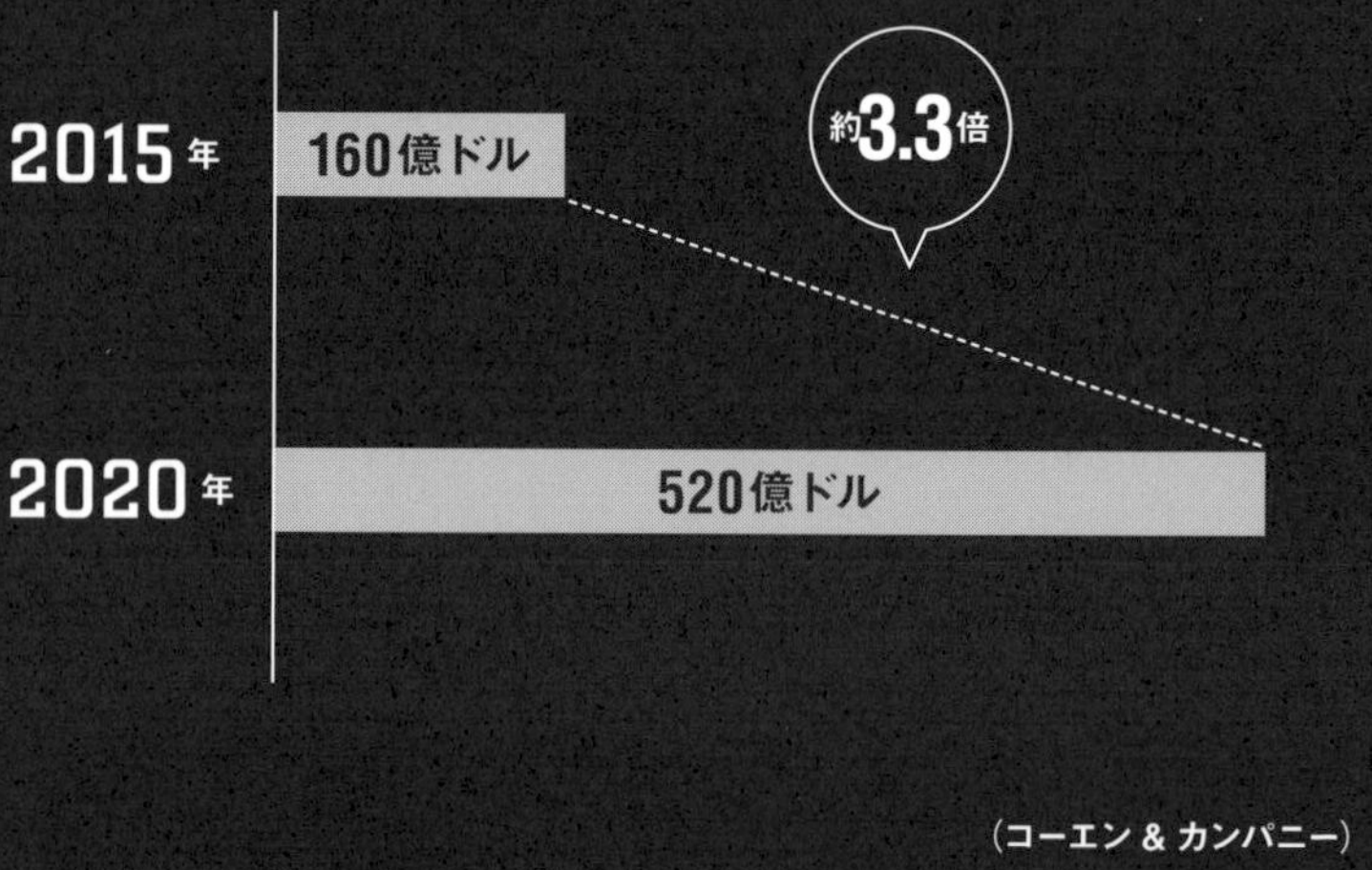

アマゾンの強みといえば、あらゆる商品を大胆に安くして顧客をつかむことだ。だが、ファッションに関しては、出品する各ブランドをひきつけるために、一定の価格を守るという新たな戦略を採用。この公約により、これまで何年もの誘いを拒絶してきたブランドを引き付けることに成功している。

しかも、商品の供給を受けるだけでなく、2016年2月にはアマゾンは独自のファッションブランドも7つ立ち上げた。

アマゾンのファッション部門は売上規模は非公表なものの、アパレル大手に肩を並べるどころか、最大手になる見込みだ。**つまり、米国で最も衣料品を売っている企業は何とアマゾンなのである。**

アマゾンファッション成長の理由は「物流」

アマゾンファッションの成長の原動力となっているのが、やはり他の小売商品と同じく、品揃えの豊富さと、アマゾンプライムやアマゾンナウを通じた当日配送を実現する物流網だ。

アマゾンの品揃えは圧巻だ。前述の靴のザッポス・ドットコムなどオンラインストアの買収、各有名ブランドからの卸、そして、独自ブランドも展開している。できる限りの品揃えを提供する。

調査会社のレポートでは、メイシーズが8・5万SKUに対して、アマゾンは34・3万SKUと大きく突き放す。ファッション分野でもアマゾンの商品量が圧倒的であることがわかるだろう（SKUの説明は62ページ）。

第1章でも述べたが、アマゾンのサイトの画面は買いやすい工夫が凝らされている。さまざまな業者が出品していると気づかせないほど見やすい。**ECサイトの売上**

は、画面の見やすさに左右される。「写真の最初の1枚の背景は白で、画像全体の85%以上を商品が占める」などの規定を設け、各商品の表示に統一感を持たせているからだ。一段に商品はいくつまで、という規定もある。

ファッションも例外でなく、表示は他の物と同じく統一されており、顧客はシンプルな画面で、豊富な商品から欲しいものをいち早く見つけることが可能だ。利用者は、アマゾンの自社商品だろうが、他社の供給を受けている商品だろうが、意識することなく購入できる。

アマゾンファッションでは、アマゾンらしい、インターネットを活用した工夫も凝らしている。

アマゾンは2013年にはニューヨーク、2015年にはロンドン、2017年にはインドのデリー、2018年には東京に巨大な撮影スタジオを開設した。そこで、洋服の着こなしなどの写真や動画を撮影し、消費者のスマートフォンに発信するためだ。

もうひとつ、ECサイトでのファッションの課題といえば「試着」だ。アマゾンは、「プライムワードローブ」という無料試着サービスを行っている。プライム会員であれば気になる服を取り寄せ、試着して気に入ったものだけを手元に置き、不要なものは返送できる。送料はアマゾン負担だ。

「プライムワードローブ」は、日本ではまだ始まっていないが、日本では衣料品や靴などを30日間返品無料にしている。ただ、購入、決済した後にネット上で返品の手続きは必要である。

アメリカ本国の「プライムワードローブ」は、サイト上での返品の手続きなどは不要だ。商品到着から7日以内に不要な物を送られてきた箱に入れて返品する。返品に必要な送り状や梱包に必要なテープなどは箱にあらかじめ入っている。

もちろん、気に入らなければ試着した商品をすべて送り返しても問題がない。しかし、購入点数により割引幅が大きくなるという、消費者の購買意欲をかき立てるような仕組みを作っている。

アマゾンは「ゾゾタウン」を猛追している

このようにアマゾンは、米国ではファッション小売りの売上でナンバーワンをとらえるまでに成長している。

一方、日本での展開はこれからだ。日本でアマゾンに立ちふさがるのが、ＥＣサイト「ゾゾタウン」を運営するスタートトゥデイだ。

スタートトゥデイは、２０１７年７月末には時価総額が１兆円を超えた。東証とジャスダック市場に上場している企業の中でも、時価総額が１兆円を超える企業は、全体の５％にも満たない。このことからも「ゾゾタウン」の成長ぶりが理解できるだろう。

実際、ゾゾタウンは売上高で毎年3割以上の成長を遂げており、２０１７年度の商品取扱高は２６００億円を超えた。

ゾゾタウンのサイトも統一されており、メーカーごとに異なるサイズ表示をわかりやすくしたり、質感がわかりやすいように異なる角度からの写真を多数載せたりして、衣類のネット販売の弱点を補っている。おしゃれなショップスタッフの着こなしを掲載して購買意欲もうまく喚起している。

6000以上のブランドが出品しており、アパレルメーカーにとっては、ゾゾタウンに出品することは、もはや売上拡大に欠かせない選択肢になっている。

2017年11月に「ゾゾスーツ」を発表したときには、ファッション業界に衝撃が走った。このスーツを着用してスマートフォンと接続すると全身の1万5000カ所を瞬時に自動的に採寸し、ゾゾタウンでそれに合った商品を購入できるというものだ。

ネットで衣類を買うハードルは、やはりサイズの問題だ。これがこのスーツでクリアできるのだ。パンツやズボンだけでなく、将来的には足の採寸の研究もしており、たとえば甲高だったり幅広だったりしてもフィットする靴を試し履きせずに買えるようになる。ゾゾスーツの投入にあわせてオリジナルブランドの衣料品も発売され、ファッション業界の勢力図を塗り替える可能性がある。

一方、アマゾンは日本では、推定で年率2割以上売上を伸ばしているという（日本でのファッション関連の売上高は非開示）。

アマゾンがゾゾタウンを追撃する武器としているのが、やはり物流である。購入時の送料の安さや返品の送料は無料だ。

購入時の送料はゾゾタウンが一律200円であるのに対し、アマゾンは2000円以上で無料になる。返品時の送料はゾゾタウンが不良品を除き有料である一方、アマゾンは商品到着後30日間ならば、すべて無料だ。

欧米では、ネット通販で試着して、返品するという購入スタイルはすでに一般的になっている。このことから、たぶん日本でもネット通販で購入して、返品することに違和感がなくなる可能性は高い。ファッションECサイトの利用が進めば、返品無料は大きな差別化要素になる。

日本のファッションEC市場は、2013年から2020年で、85・7％増の2・6兆円まで拡大する見通しだ。ちなみに同時期に、ファッション市場全体に対して、ECサイトの構成比は8％から14％に増える。とはいえ、市場全体のたった14％だ。**2020年以降、ファッションのECサイトには大きな市場が広がっている。**

市場がもっと大きくなれば、他社も返品無料にする可能性もあるが、巨大なキャッシュと物流網を持つアマゾンとの体力勝負になれば、ゾゾタウンもユニクロも勝ち目はない。

ちなみに、ゾゾタウンは2017年10月1日から購入者が送料を自由に設定できる

日本でのファッションEC市場

売上高

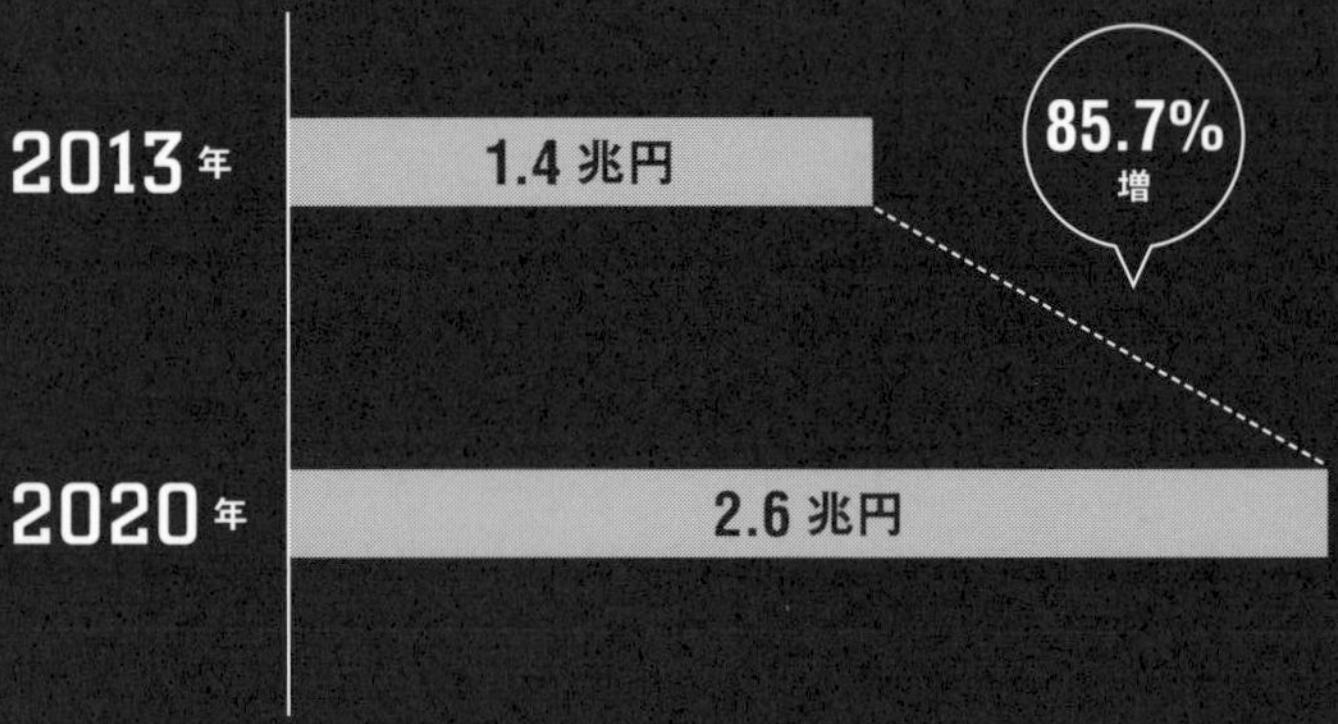

全体の比率

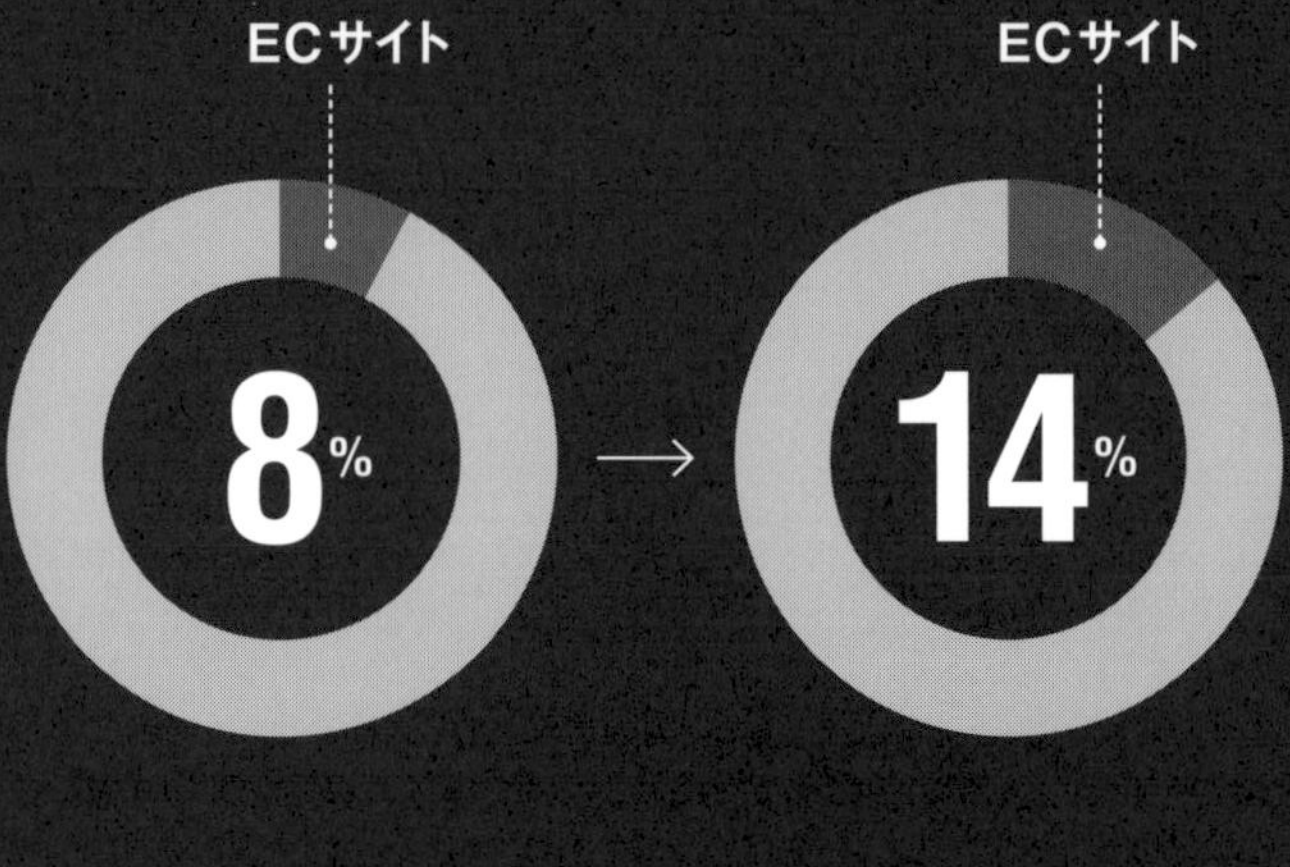

取り組みを試験的に始めた。ＥＣ業界では異例の試みだったが1カ月で終了した。期間中は送料を「0円」に設定した人が4割を超えたからだ。同社の前澤友作社長は、「送料が無料なわけはないが、無料で当たり前という誤認識を与えてしまったのはＥＣ事業者の責任」と一律での有料化となった。

将来を見据えた布石もアマゾンは打っている。2016年秋（2017年春夏コレクション）から「東京ファッションウィーク」、いわゆる東京コレクションの冠スポンサーになったのだ。冠スポンサーとは、当然企業名をつけられるという権利を持つので、東京ファッションウィークの正式名称は、「Amazon Fashion Week TOKYO」である。ファッション関係者に送られる招待状に、アマゾンの名前が入っているとなれば、業界全体でも脅威を感じただろう。

ファッションウィークが開かれるのは、パリ、ミラノ、ロンドン、ニューヨーク、東京だ。最新のファッションショーで、世界中のアパレル関係者はこのコレクションを基準にデザインをしていると言ってもいい。当然ながら、これほど大きなファッションショーの冠スポンサーともなれば、ハイブランドも含めてアパレル各社との関係は深くなる。

メーカーのアマゾンへの意識も変わるだろうし、取り扱いブランドに厚みも増すだろう。デザイナーなどファッション関連の人材の囲い込みにもつながるかもしれない。日本のファッション業界で、アマゾンが着々とプラットフォーマーになっていることがおわかりだろう。

「新しい融資の形を作る――アマゾンレンディング」

このように、他業種に猛攻撃をかけるアマゾンだが、金融業界もうかうかできない。

第1章の「フルフィルメント・バイ・アマゾン」（FBA）のところで、マーケットプレイスの出品業者への手厚いサービスを提供している事例をみてきたが、アマゾンはこの出品業者に資金の貸付も行っているのだ。

日本では2014年に始まった、法人事業者向け融資サービス「アマゾンレンディング」だ。金融業界の従来の融資形態を大きく変えるビジネスモデルになるかと、銀行は戦々恐々としている。

銀行は、融資を決めるときは一般的に決算書で判断する。

しかし、アマゾンは決算書など見ない。自分で持っているデータの方が確かだからだ。マーケットプレイスを通して得た、出品している商品や日々の売上など膨大なデータを分析して融資する。決算書では見えない、銀行が決して手にできない、リアルタイムの販売動向を武器にしているのだ。

決算書は過去の状態を示す数値でしかない。数カ月前の状況しかわからず、今のその会社の状態は見えない。

一方、アマゾンが持つデータは現時点での取引がわかる。アマゾンは、マーケットプレイスを通じて、在庫管理や発送などの物流を代行している。リアルタイムで商品が何個売れたかまでわかるのだ。だから、外部の人間では知り得ない出店業者のモノの流れまでわかる。決算書ではわからない情報をつかめれば、企業の資金繰りも把握できるようになる。

あとは融資の判断のための基準を決めれば、融資は全自動で行える。このデータを武器に、アマゾンは、これまでの銀行の融資対象になりにくい会社へも融資をしている。

アマゾンレンディングが特徴的なのは、融資の提案前にすでに審査を終えていることだ。**アマゾンに出品している業者全部をアマゾンが勝手に対象にしていて、企業が**

融資を望んでいなくても通知が自動的に来るようになっている。

融資が可能な場合は、事業者の出入金管理画面に、融資できる上限金額や期間、金利が表示される。融資可能な金額は10万円から5000万円まで。返済期間は3カ月、6カ月、最大の12カ月から選択する。

融資を申し込めば、24時間以内に資金が借りられ、返済額は出店業者のアカウントから2週間ごとに自動で引き落とされることになっている。売上からも相殺できる。繰り上げ返済する場合でも手数料はかからない。

じつは、こうしたスピード融資は、かつてメガバンクなど大手銀行も一時期手がけていた。しかし、2018年現在、三井住友銀行を除き撤退している。

当時、銀行は決算書だけでの簡単な審査での融資を売り文句に参入したが、貸付先が経営不振などに陥り、貸出金が焦げついたのだ。また、決算書が捏造され被害を受けたことや、決算書の数値ばかりに依存し、企業の現在の経営状態を把握できなかったことも原因だった。このことからもわかるように、「融資には時間がかかる」のが金融業界の常識なのである。

しかし、出品企業の直近の販売履歴や在庫情報までをも把握しているアマゾンからすれば、融資時点での経営状態を正確に把握するのはお手のものだ。

アマゾンから、融資の提案がきた時点で、審査はすでに終わっている。借りたい出品企業はオンラインで金額と返済期間を選択するだけで、最短で翌日に手元にお金が入る。通常の金融機関での融資は1カ月以上の期間を要することを考えれば、その短さは常識を塗り替える。

このスピード融資は小規模な事業者がビジネスチャンスを逃さないためには、大変ありがたい仕組みだ。

たとえば、取扱商品が突然SNSで拡散されるなど、思わぬ形で話題になったとする。当然、注文が急増する。業者としては予想外の事態なので、在庫を十分に確保できていない。通常の融資では審査に時間がかかるため、仕入れが間に合わず、販売の機会を逃すことになる。しかしアマゾンレンディングならば、仕入れのタイミングを逃さずに在庫を拡充できる。

アマゾンレンディングは、米英日で展開している。2011年に開始され、2017年6月時点の貸付総額は約30億ドルに達している。このうち、3分の1に相当する10億ドルは過去1年間の貸付額だという。FBAの拡大に伴い、金融事業で顧客の間口が広がっていることがわかるだろう。

金利は年率6〜17%とも言われており、銀行融資より高い。消費者金融並みの高金利と批判が集まっている銀行のカードローンですら3〜14%程度だ。しかし、零細や小規模業者の中にはアマゾンレンディングでしか借りないという業者もいるという。面倒な書類手続きからも解放されるため、商品企画や仕入れに専念できるからだ。

この金融事業はアマゾンにしてみれば、「損をしようのないビジネスモデル」といえよう。資金繰りを子細に把握した上で貸し付けられるし、万が一、出店企業の売上が急に落ち込んだりした場合、アマゾンは出店業者が返済するまで倉庫で保管している在庫を差し押さえることができるのだ。

アマゾンの顧客情報の蓄積は、FBA以外にも今後ますます増えるだろう。レジなしの無人コンビニ「アマゾンゴー」が普及すれば、コンビニの店舗の中の決済情報も手に入れることができる。つまり、企業だけでなく、個人向けの融資ビジネスもアマゾンは視野に入れているかもしれない。

アマゾンは銀行を始めるかもしれない

ここまで金融ビジネスが広がるとなると、アマゾンは銀行でも始めるのではと思われるかもしれない。その通りなのである。

米国の金融界では、2018年にもアマゾンが中堅の銀行を買収して金融事業を拡大するとの噂で持ちきりだ。アメリカでは長年、大企業が銀行業に進出することを規制してきた。これは1920年代に銀行が顧客の預金で博打的な投資を行い、多くの預金が失われたことによる。ところが、最近になり、金融規制当局が「規制を見直すべきだ」との見解を述べたことで、「アマゾン銀行」誕生の現実味が一気に増してきているのだ。

ただ、銀行は国によって規制が違うので、アマゾンお得意のスケールメリットを働かせるのは難しい。楽天のように、その国に根付いている企業の方が手を広げやすいのだ。しかし、アマゾンは銀行へジャンルを広げることを、十分に考えているだろう。

「クレジットカードへの参入は金融の基本」

アマゾンが金融に力を入れ、銀行への参入も疑わせる理由はアマゾンのビジネスモデルにある。

オンラインでの決済には、銀行口座から利用の際に即時引き落とされるデビットカードやクレジットカードが必要だ。逆に言えば、銀行口座がなければ、アマゾンのサービスを利用するのは難しい。

日本では大半の人が銀行口座を持っているが、じつは米国では銀行口座を開設できる信用を持たない人間が、若年層を中心に人口の1割弱いる。

アマゾンが銀行に参入しようとする理由のひとつは、自社の判断でこれらの人々に口座を持たせることで、顧客の裾野を広げることにある。

現在、アマゾンは金融機関と提携してクレジットカードを発行している。ポイントなどで優遇し、アマゾンでの買い物に「お得感」を前面に押し出すのに工夫している。同じような物を買うにしても、アマゾンで買うという動機づけのためだ。

クレジットカードは、個人向け金融だと思えばよい。クレジットカードが儲かるのは、リボ払いやカードローンなどだ。クレジットカードの利用者のうちの1%が10万円のカードローンを利用すれば、すごい数字になる。

たとえば米国では、アマゾンは大手銀行のJPモルガンチェースが発行する「プライム・ビザカード」を利用して、傘下の生鮮食品店ホールフーズで買い物をすると、購入額の5%のキャッシュバックが受けられるプログラムを2018年2月に始めた。

日本でも同様に提携クレジットカードを発行している。どの程度お得か見てみよう。

アマゾンのクレジットカードは2種類ある。「アマゾンマスターカードゴールド」と「アマゾンマスターカードクラシック」だ。

「アマゾンマスターカードゴールド」(アマゾンゴールド)は、買い物でたまるポイント還元率は2・5%。楽天カードは1~5%なので、還元率で比べると見劣りがする。しかも、アマゾンゴールドに加入するためには年会費1万8000円（税込み）を払わなければならない。アマゾンゴールドはプライムサービスの年会費が自動的に無料になるから、その分が値引きされるという計算になる。アマゾンは両者を抱き合わせで考えているようだ。

ここから、ある金額を超えるとリボ払いになるようにしたり、毎月の明細をウェブ明細に切り替えたりなどすると、実質の年会費は420円になる。

リボ払いサービスは、当初の設定では3万円を超えるとリボ払いになるようになっている。ただ、支払い上限をカードの限度額（最初は20万円）にすれば、金利を支払うような状況は発生しないようになっている。

「アマゾンマスターカードクラシック」もある。こちらは年会費は無料で還元率は最大2％だ。こちらも、アマゾンはプライムサービスとセットにしている。還元率2％を得るためにはプライム会員への加入が必須になるからだ。

ゴールドとクラシックどちらがお得かは、アマゾンの利用頻度による。還元率の0・5％差とゴールドの420円の年会費を考えると、1年で8万4000円を超えて利用すればゴールドが得になる。

月7000円程度をアマゾンで買い物すると考えれば、アマゾンのヘビーユーザーならば迷いなくゴールドだろう。ゴールドで月1万円ずつアマゾンで買い物すれば、年間で3000ポイントたまる。3000円の割引になるのだ。

ピンとこないかもしれないが、極論すれば、ゴールドを持っていればアマゾンで取り扱っている商品がすべて送料無料で2・5%引きで買えるのである。特に新刊本は書店などでは通常割引では買えないが、ゴールドで決済すれば事実上2・5%引きになる。

こうして、個人金融にも手を広げているアマゾンだが、銀行と同じくこのジャンルも、個人金融に注力しつつある楽天に勝てない可能性がある。個人金融も各国でその制度、金利、リスクなどに差がある、いわばドメスティックな事業だ。アマゾンの全世界を対象とした、ITを核としたスケールメリットを働かせるのは難しい。ここに日本企業にとってチャンスがあるのかもしれない。ただ、アマゾンは絶対に手を広げたいとは考えているだろう。それを何とかしそうなのもアマゾンの怖いところだ。

「企業向け商品」は成長市場

アマゾンは、「企業向け商品」も手がける。

企業向け商品は、取り扱う企業にとっては「おいしい」商品だ。まず、普通の消費者に比べて取引する数が大きい。商品も専門的なので、販売価格が大幅に値崩れすることがなく、安定した利益も見込める。アマゾンがここに目を付けるのは当然と言えば当然だろう。

米国の企業向けの小売市場は7兆ドルを超えるともいわれる。一般消費者向けの小売業の市場規模は4兆ドルだ。企業向けの市場の方がはるかに大きいのである。

アマゾンは、2015年に企業向け商品を扱うサービス、「アマゾンビジネス」を開始している。このサイトでは、オフィスで使われる事務用品から研究室用器具や病院服まで販売している。企業向け資材も強い。

このサイトで法人登録をすれば、個人向けには販売されていない専用商品を購入できる。それだけでなく、企業向け特別価格で安く買えたり、商品によっては購入量に連動して値引きされたりする。

年会費は不要で、企業の規模や購入額に関係なく使用できる。社員用に複数のユーザー登録も可能だ。49ドル以上の買い物で、送料無料で翌日配送する。これはウォルマートが50ドル以上の買い物で送料無料にしていることを意識した値づけだろう。

少し試して、別のサービスの踏み台にする

アマゾンビジネスの事業規模も明らかになってはいないが、市場関係者は２０１６年は52億ドル程度の売上とみている。

じつはこの金額は、米国の文具大手で、オフィス用品専業のステープルズの４分の１程度の販売額に過ぎない。しかし、ステープルズのここ数年の売上高は、横ばいから微減している。

ステープルズは、オフィス用品2位のオフィス・デポと２０１５年2月に合併で合意したが、２０１６年5月に断念している。米国の独占禁止当局である米連邦取引委員会（ＦＴＣ）が公正な競争を妨害するとして提訴し、連邦地裁が仮差し止め命令を出す判断をしたため、泣く泣く諦めたのだ。

じつは、これが初めてではなく、ステープルズは１９９７年にもオフィス・デポとの合併をＦＴＣに阻止されている。今回も懲りずに合併に動いた格好だ。

この動きの背後にはアマゾンの存在がある。ステープルズはＦＴＣに提訴されたあと、裁判所に承認を求める理由を申請したが、そこで、規模では劣るアマゾンのオフィス用品事業への進出を挙げたのだ。

ステープルズのような大企業でも、アマゾンの足音が日に日に大きくなり怯えている。

しかし、米国の企業向け小売市場の面白いところは、ステープルズなどの大手が伸び悩む一方、地場密着の小売業者がしぶとく生き残っている点にある。『フォーブス』誌によると、売上高５０００万ドル以下の中堅小売事業者は３万５０００社存在しているという。

じつはアマゾンは「アマゾンビジネス」を展開する前、２０１２年に企業や研究機関向けの資材、工具、機器などを販売する電子商取引サイト「アマゾンサプライ」を試験的に始めていた。アマゾンビジネスとの違いは、直接企業に販売するのではなく、中間の小売業者に販売するための、いわば卸である。試験的とはいえ、２０１４年には17分野で２２０種類の商品を提供していた。

アマゾンサプライでは、こうして地場密着の小売業者たちを対象にオフィス用具や産業製品の卸販売を手がけていたわけだが、その後始めた「アマゾンビジネス」では、企業を直接顧客にして直販のビジネスモデルに切り替えている。つまり、小売事業者を中抜きしたのだ。

このことについてアマゾンはBtoB事業の強化としか説明していないが、「アマゾンサプライ」とは、卸ビジネスを通じて、企業間取引のノウハウを取得するためのものだったのだろう。体制を整えたところで、直販ビジネスに舵を切ったのではないだろうか。

これまで見てきたアマゾンのビジネスモデルを考えれば、決してうがった見方ではあるまい。実際、アマゾンサプライは2015年6月に閉鎖している。

アマゾンは日本でもBtoBビジネスに本腰を入れ始めている。2015年に「産業・研究開発用品ストア」を開設。2017年9月には日本版アマゾンビジネスを始めた。文房具や電動工具など2億種類以上の商品を揃えている。

「産業・研究開発用品ストア」は、産業用品の製品を見やすく集めたサイトだったが、アマゾンビジネスは企業の購入担当者の使い勝手を意識している。

このストアでもマーケットプレイスがあり、外部事業者も出店しているため、似たような商品の価格や性能の比較検討も簡単だ。また、見積書もダウンロードできる。月末締めの一括請求書払いにも対応する。これらは企業の購入担当者にとっては非常に大きなメリットだ。

企業の購買での課題は「誰が何を買ったか」の共有だが、会社として使いやすいように、発注担当者の注文を、別の人間が確認できる機能などがあるシステムも提供している。

日本の産業用品のネット販売では、MonotaROが急成長を遂げている。2017年12月期決算では売上高は883億円で、2013年12月期に比べて2・6倍に拡大。とはいえ、産業用品市場のシェアで見れば1%強に過ぎない。このジャンルは、日本でもまだまだECサイトが拡大できる余地があるのだ。

企業間取引のビジネスは市場規模がまだ小さく、抜けた存在が見当たらない。アスクルも文具だけでなく、最近は工具や電子部品などにも取扱商品を広げ、攻勢を強めている。しかし、アメリカの動きを見る限り、ここでもアマゾンが圧倒的な存在感を放つようになる可能性が高い。

世界が悩む、アマゾンへの課税問題

世界中の、数多くの小売店を飲み込んできたアマゾンだが、以前から多い批判が「アマゾンは税金を払っていない」というものだ。

とはいえ、アマゾンは堂々と脱税をしているわけでない。法に抜け穴があったという方が正しいだろう。

各国の経済政策を調整する機関は、経済協力開発機構（ＯＥＣＤ）だ。ＯＥＣＤの租税条約では、住民や企業の「恒久的施設」に対して課税する仕組みになっている。どういうことかというと、たとえば日本で法人税を徴収しようとするならば、課税対象の活動拠点が「日本にある」と課税の対象になる。

アマゾンには日本法人があるので、課税対象となると普通ならば思うだろう。これに対してアマゾンの理屈はこうだ。日本で買い物をしても、決済センターがアイルランドにあるため、日本法人はあくまでも補助業務を行う存在と位置づけているというものである。販売しているのもネット上の実体のない店舗であり、物流倉庫も単なる倉庫だから、日本に法人税を納める必要はないというわけだ。

ＯＥＣＤも手をこまねいているわけではない。アマゾンにも法人税を課税できるように法整備を進めている。「倉庫は恒久的な活動拠点ではない」というのがアマゾンの節税のロジックだったが、ＯＥＣＤは倉庫も恒久的施設とみなして課税できるようにした。日本でも19年の1月の税制改革で適用する方針だ。

とはいえ、これにはネット上で売買が完了する音楽や映画は対象外になっており、依然としてアマゾンには抜け道があるのが実態だ。

アマゾンへの課税の見直しは、もはや国際的な議論になっている。主要20カ国・地域（Ｇ20）ではＥＣ業者への課税強化が検討され始めた。Ｇ20とは世界的に重要な経済・金融問題を協議する国際会議だ。課税の抜け穴をなくすように、国ごとの売上高に課税するような案を軸に議論している。

「ＥＣ業者への課税強化」という名目だが、もちろん、主な原因は巨大化するアマゾンの存在だ。日本でも一部メディアでは「アマゾン課税」として報じられている。アマゾンが、世界全体の経済構造を塗り替える存在であることが改めて認識できる。

amazon

chapter

#08

アマゾンを底ざさえするのがテクノロジー

アマゾンゴーの真の凄さはテクノロジー

アマゾンの発展を支えるのが、テクノロジーだ。すでに紹介したAWSやIoT家電などもそうだが、アマゾンとITは切っても切り離せない。

ホールフーズの買収が、アマゾンがリアル店舗を展開する足がかりとなったと述べた。そして、自社でも実店舗を運営する準備を整えている。普通の店舗ではない。テクノロジーをふんだんに盛り込んだ「アマゾンゴー」だ。この店舗はアマゾンの新しいプラットフォームとなるにとどまらず、これからの小売業界をがらりと変える可能性も秘めている。

まず、アマゾンゴーとは何かを見ていこう。

2016年の秋口、アマゾンはコンビニエンスストア事業への進出を発表した。それが「Amazon GO（アマゾンゴー）」である。すでに本社のあるシアトルで、社員向けに試験店舗を1年以上運営しており、18年1月には一般向けにも開店した。

ただ、コンビニと言っても、我々が想像する形態のコンビニとは異なる。レジのないコンビニなのである。

どのようにお金を支払うのか、万引きし放題ではないかなど疑問が浮かぶが、アマゾンの発表によると無人コンビニのコンセプトは次ページの図の通りである。

詳細は明らかにされていないが、店内のセンサーやカメラを使って、客が手に取ったり棚に戻したりした商品と数を人工知能が認識し、ネットを経由してアプリと連動する。その後、ゲートを出れば、アマゾンのアカウントから利用額だけが自動的に引き落とされる仕組みだ。客のすることは、店内に入り、ほしい商品をバッグに入れ、そのまま退店するだけだ。

マイクも多数設置し、音声認識技術を使い、来店客の店内の細かな動きのデータも蓄積するようだ。おそらく店舗の陳列改善などにつなげていくのだろう。

カメラなどのセンサーは、入店者の特定にも利用されるだろう。入店用のバーコードと顔認識のダブルチェックをすれば、万引きの徹底的な防止につながる。

アマゾンゴーが発表されると、コンビニ業界に激震が走った。

日本のコンビニ業界を悩ますのは、まさに人手不足だ。日本では経産省と大手コンビニ5社が、2025年までにコンビニで取り扱う全商品にRFIDという電子チッ

Amazon Go

①

入店前に
AmazonGo アプリを
インストールする

②

入り口にある読取機に
そのバーコードをかざして
入店する

③

棚から欲しい商品を
持ち上げると、
アプリのカートに商品が
自動的に追加される

④

購入をやめたい場合は、
一度選んだ商品を棚に戻すと、
その商品はアプリのカートから
自動的に削除される

⑤

入店の際に通ったゲートを
通って外に出るだけ

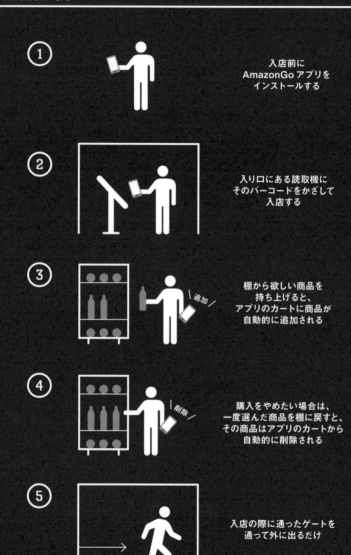

プをつけることで合意している。電子チップがあれば、消費者が自ら会計を済ませるセルフレジを本格的に導入できるからだ。

ＲＦＩＤチップの価格は、この計画が実現する２０２５年には、１円になっていると予想される。だが、日本フランチャイズ協会の調べによると２０１７年12月のコンビニ来店者数は延べ14億人あまり。年間だと、延べ１７０億人にもなる。

ひとりの来店客が平均２個の買い物をしたとすると、販売商品数は３４０億個にもなるのだ。そのひとつひとつにＲＦＩＤチップを埋め込むと、埋め込むコストをあわせれば、コンビニ業界全体では５００億円以上の追加負担になるのではなかろうか。

しかし、アマゾンゴーは、そのチップ分のコストが不要である。カメラなどの設備費は必要となるが、現在、カメラ代は劇的に安い。すべてのスマホにカメラが搭載されたことで、世界的に価格が劇的に下がったからだ。カメラチップセットの価格は８メガピクセルで数百円程度だ。

アマゾンであれば自社でもっと低価格の専用カメラを設計することもできそうだ。長期的には１店舗あたりの設備コストは５０００ドルを下回るかもしれない。

しかし、長期的には設備コストは低下するだろうが、アマゾンゴーは、初期段階でのコストはかなりかかっているはずだ。

アマゾンは4年ほど前からアマゾンゴーの展開を視野に入れており、センサー関連の特許も取得している（ウェブ上ではその特許も閲覧できる）。センサーだけですべてを処理するとなると、多数のセンサーが必要で初期投資は重い。こんなにコストがかかるなら、ビジネスとして成り立つのかといった専門家の指摘もある。

米金融大手シティグループは、アマゾンが今後10年間でアマゾンゴーを含む食料品店を270店開設した場合、その経費は約35億ドルになると指摘している。一方、売上高は47億ドルという目算で、営業利益率は5％以上が見込まれるとしている。

営業利益率とは、いかに商品販売だけで儲けたかを示す指標だ。日本最大手のコンビニであるセブン-イレブンを傘下に置くセブン＆アイ・ホールディングスの営業利益率は6・5％である。セブン＆アイに現時点では劣るが、この試算で考えるべきなのは、「万引き」だ。

アマゾンゴーの真の脅威とは、万引きがゼロになることだ。

コンビニの万引き損耗率は1・5％程度といわれている。しかし、アマゾンはプライム会員によるカード決済であり、AIが顧客の店内行動をすべて把握しているので、万引きはゼロになる可能性が高いのだ。

結果として単純合算すれば、アマゾンゴーの利益率は6・5％以上になり、業界水

準と同等以上になる。

また、顧客としてみるとアンパンを1個万引きしただけで、一生アマゾンが関係するところで買い物などができなくなるというペナルティを考えると、とてもじゃないが割に合わないと考えるだろう。

しかも、この試算にはアマゾンの潜在的な利点が含まれていない。アマゾンゴーでは、通常コンビニで売られる商品にプラスして、ECサイトの方のデータから割り出した売れ筋商品も追加されるだろう。また、リアル店舗が増えれば、おそらく店舗でのプライム会員向けの特典なども提供される。ネットワーク効果により、リアル店舗の増加に比例するかのようにプライム会員が増えることも自然の流れだ。

結果として、アマゾンゴーは、売上高も利益も想定を大きく上回る可能性が高い。コンビニ業界で、十分競争力のある形態になるだろう。店員を少なくすることで小型店舗を多数展開し、売れ筋だけを最安値で販売する。これが実現したときの、既存コンビニへのダメージは計り知れない。

テクノロジーを売るためのアマゾンゴー

だが、ここまで言っておきながら恐縮だが、アマゾンゴーのすごさは、店舗自体の売上ではなさそうだ。おそらくアマゾンも、売上には大して期待していない可能性が高い。

アマゾンゴーの本当の意味は、そのテクノロジーだ。アマゾンゴーは、大きめのキオスクとやっていることは変わらない。レジがなくて人手がいらない、万引き分だけ売上も上がるかしれない、というメリットくらいである（それでもすごいが）。

アマゾンゴーは、カメラとセンサーを設置して、支払いまで全自動にするというそのテクノロジーそのものに価値がある。

アマゾンゴーの出現が、何を意味するのかという視点こそが大切だ。アマゾンがこのシステムを作り上げることこそ、プラットフォーマーとしては重要なのだ。

このシステムは、他の店にも使える。スーパーはもちろん、たとえば書店でも、どんな業種の小売店でも転換が可能だ。

「作ったシステムを売る」というのは、プラットフォーマーにとっては必要条件だ。巨大なキャッシュを持つアマゾンにとって、新規事業での売上がどの程度の規模になるかなどは些末なことである。**そんなことよりも、仕組みそのものが業界に変革を起こすモデルということが大切なのだ。**テクノロジー会社の所以である。アマゾンゴーの仕組みを、スーパーなどへライセンス販売することを最終的には視野に入れているはずだ。

誤解を恐れずいえば、これこそがアマゾンの、アマゾンゴーを始めた真の目的と言っても過言ではないだろう。

アマゾンはAWSやマーケットプレイスを収益源にしていることはすでに述べたが、アマゾンゴーが完成すれば、あらゆる小売りが無人化する契機になるかもしれない。その上、店内カメラやセンサーを貸してくれるクラウドサービスも登場するかもしれない。

このシステムを使えば、店内にはカメラやセンサーが設置され、スマホがレジ代わりになる。来店者の店内での動きや購買行動は即時にサーバーに送られる。AWSの機能を使ってそれらの情報を分析して、品揃えや陳列を見直す。来店者が増えれば増えるほど、情報が蓄積され、よりニーズにあった棚が作られる。

近いうちに、小売店舗で人が関わるのは、棚の置き換え作業くらいになるかもしれない。前述のＫＩＶＡのように、アマゾンは倉庫のロボット化も強化している。この技術が蓄積され、倉庫以外にも広がれば、遠い将来は店舗内の陳列までも機械化されることすら考えられる。夢のようだが、アマゾンゴーの出現は、それを実現化する可能性が高い。

アマゾンゴーは物流のシェアリングエコノミーを生む

また、アマゾンゴーは、物流面でも新たな仕組みを作る可能性がある。「ウーバー」が表すのは、物流での新たな可能性だ。「ウーバーイーツ」は、普通の市民が、空いた時間でレストランの料理を配送する。特にアメリカなど、人間が余っている地域では画期的である。

ゴーも、このウーバーのような仕組みを使って、アマゾンの配送を考えているのだろう。

ゴーの来店客の自宅やオフィスの近くの人が、アマゾンのプライムナウで紅茶を発注していたら、それをアマゾンは店内で来店客のスマホに転送する。来店客はその紅茶を手にとって、注文した人に持って行ってあげることができるような仕組みを作るのではないか。この場合、その来店客は配達報酬を自動的に受け取ることになる。

高齢化が先進国の中でも急ピッチで進んでいる日本では、自宅で商品が届くのを待ちたい高齢者が増えることはあっても減ることはない。間違いなくビジネスチャンスは大きい。遠くない将来、5分前にアマゾンに発注した幕の内弁当とお味噌汁を、隣人の高校生が持ってきてくれるかもしれないのだ。そのときに、その高校生がゴーで買った缶コーヒーの代金は口座に返金され、無料になっているかもしれない。隣家の主婦、自分の家族など、身近な人間が配送してくれるのだ。

そんなことは現実的ではないと思う人もいるかもしれないが、すでにアマゾンは2015年9月に「アマゾンフレックス」を始めている。これは、配送の専門業者ではなく「個人」が荷物を配達する仕組みだ。こうすることで、注文からお届けまでの時間を30分以内に短縮しようとしている。

働きたい人は、アマゾンと契約を交わしたあと、時給20ドル前後で専用のアプリを使って空いた時間に仕事を請け負う。そして、指定された小売店などに行き、そこに保管されている荷物を預かり、自家用車などで配達する。

これは、とても気軽に契約できる仕組みになっており、自分が行く途中に「ついでに配達」のような雰囲気である。小遣い稼ぎのようなものだ。

利用者は目的地に行くついでに荷物を配ることができ、報酬も得られる。実際、このプロジェクトは「ON MY WAY」と呼ばれ、日本語で「どこかへ向かう途中」を意味する。

一方、アマゾンも時間が空いた一般人を使うことで、物流業者に頼んだり自前で配達網を整備するよりも配送費を抑えることができる。

アマゾンゴーが街中に普及すれば、自転車や徒歩で気軽に個人が配送代行を手がける日は遠くないのかもしれない。宅配料金の値上げで揺れる物流業界の切り札になる可能性も秘めているが、一方で物流の最大のライバルになるかもしれない。アマゾンは日本では、大手以外の地場の物流業者を使って自前の物流網の構築に乗り出す方針だが、一般人の活用も視野に入れている。

「アマゾンエコーの真の意味――家電業界を変えてシェアをとる」

アメリカで「アレクサ」が大ヒットしている。

「アレクサ、いつものビールが欲しい」と話しかけるだけで、アマゾンからビールが届く。そんな魔法のような商品がある。アメリカで爆発的に売れている会話型スピーカー「アマゾンエコー」だ。日本ではスマートスピーカーやAIスピーカーとも呼ばれている。

そのエコーに搭載されているAIアシスタント（音声操作サービス）が、アマゾン・アレクサだ。アレクサは便利だ。顧客は「アマゾンに欲しい商品を注文できる」からエコーを買っているのではない。アレクサに「明日の天気は」と聞けば、自動的に位置情報を把握して教えてくれるし、自分のスケジュールや、目覚まし時計も話しかけてセットできる。アマゾンに注文できる機能はおまけでしかないのがすごいところだ。

形は、筒型のスピーカー形状だ。本体上部にマイクを内蔵している。180ドルと決して安くない価格にもかかわらず、2015年に市場投入以降、販売は右肩上がりだ。販売台数は開示されていないが、2017年で3300万台を出荷したともいわれるヒット商品になっている。

アレクサには「スキル」という機能を追加していくことで、サービスが増えていく。「アマゾンスキルズ」と呼ばれるサイトには、基本的に無料で、3万点以上のスキルと呼ばれる拡張機能が用意されている。スキルはスマホのアプリのような存在で手軽に追加できる。

たとえば、スターバックスのスキルを追加すれば、アレクサに「いつものコーヒーを注文しておいて」と頼み、そのまま店に行けば待たずに受け取れる。タクシーの配車やピザを注文できるスキルもある。スマートフォンでできることをほとんど音声でできるため、画面のないスマホと考えるとわかりやすいかもしれない。

反対に、アレクサに対応した家電製品も続々と登場している。すでにフィリップスはアレクサ対応のLEDランプを、ソニーはスマートロックを、リンクジャパンはエアコンのスマートリモコンを発売中だ。この3つがあれば、テーブルの上にあるアレクサに向かって「照明を明るくして」「玄関の鍵を閉めておいて」「エアコンの設定温度を2度上げて」といえば、即座に実行してくれる。そのほかにもなんと、アレクサ対応の蚊取り器、アロマディフューザーなども発売されている。

ある中国のベンチャーが日本以外の国で販売している照明スイッチは、デザインも美しい。自分で壁のスイッチを入れ替えれば（結構簡単にできる）、あとはスマホを使って、スイッチに「ダイニング」「キッチン」などと名前を設定する。これだけで、アレクサに向かって「ダイニングの照明を点けて」と告げれば電気のオンオフができる。

近い将来、家族で1泊旅行に出かけるときには、お父さんはアレクサに以下のような指示をするだろう。

「アレクサ、自動車のエンジンをかけて、エアコンを25度にしておいて」

「アレクサ、玄関以外の戸締まりをして、玄関も10分後には鍵をかけて」

「アレクサ、（不在を知られないために）夜6時から12時まではダイニングの照明を点けておいて」

「アレクサ、明日夕方6時になったらリビングの温度を25度にする、お風呂も沸かしておく、ついでにいつものピザも頼んでおいて。じゃ、行ってくる」

アマゾンエコーは米国、英国、ドイツ、オーストラリアの4カ国での展開だったが、2017年10月末にインド、同年11月には日本でもついに発売された。海外で圧倒的なシェアを持つアマゾンが参入したことで市場の活性化が期待される。

アレクサを市場で開放し、対応商品を増やす

アマゾンエコーの核となる技術は、アマゾンが開発した音声認識技術「アレクサ」だ。人の声を認識し、動作する。

音声認識技術は、アマゾンのみならず、アップルやマイクロソフト、グーグルやＬＩＮＥが注力する分野だ。スマートフォンやパソコンに搭載されている。ｉＰｈｏｎｅの「Ｓｉｒｉ（シリ）」も同種のテクノロジーだ。

アマゾンが競合他社と異なるのは、これだけを家電製品としていち早く独立させたことだろう。わざわざスマホを操作することなく、居間でテレビをみながら、台所で家事をしながら、エコーに話しかければ良いのだ。

アマゾンのすごいところは、アレクサ対応機器の開発キットや対応部品の作り方の文書などをネット上で外部に公開しているところだ。ソフトウェアのキットがあり、それを配っている。

できた製品は、契約により、アマゾンによりテストされる。そこで、ウィルスがないかチェックされ、合格すればリリースされる。

こうすることで、メーカーは音声認識機能を自社で開発する必要がなくなる。そして、アマゾンはアレクサに対応した商品をたくさん出すことができる。まさにネットワーク外部性だ。

スマホ市場でアップルがOSをソフト開発ツールとして開放し、アプリ市場を席巻したのと同じだ。現在、米国ではアレクサの機能を利用して3000以上の技術が誕生しており、音声認識技術の活用は家電メーカーにとっては最重要課題になっている。


アップルやグーグルが音声認識技術に力を入れるのも、これが家庭内における「ポストスマホ」になりうる可能性が高いからである。外ではスマホかもしれないが、家庭内でニュースや天気予報、家電のオンオフなどは音声認識の方が便利だ。

グーグルの親会社のアルファベットは、類似の音声認識スピーカー「グーグルホーム」を投入して追撃するが、2018年3月時点の各種統計によると、米国ではアマゾンエコーのシェアが7割強と圧倒的だ。先にシェアをとると、これもネットワーク外部性が働き、商品数が増えて優位になる。米国調査会社のストラテジー・アナリティクスのまとめでは、2018年1－3月期の世界全体の出荷台数の市場シェアでは、アマゾンが43・6％、グーグルが26・5％と差は縮まっているが、依然としてアマゾンの存在感は大きい。ちなみにアップルは、2017年末に「ホームポッド」を投入予定だったが2018年2月にずれこみ、音声認識端末の分野では今のところ完全に出遅れている。日本ではLINEが「クローバウェーブ」を市場に投入している。

エコーだけでなく、近年、米国の音声認識スピーカーの販売量は大幅に伸びている。2017年に出荷されたスマートスピーカーの台数は、2016年比で3倍になったという。2018年はやや伸びは鈍るものの、それでも17年比で60％増の約4300万台の出荷を見込む。

音声認識は、すでに普及段階に入った。ごく近いうちに、人間がストレスをまったくためずに、機械が認識できるレベルに向上するだろう。これまで解析した音声データが増えるほど、音声認識の正確性は増していくからだ。つまり、人々が「アマゾンエコー」を使えば使うほど、いやテーブルの上に置いておくだけで、エコーは全音声データを収集しつづけ、蓄積したデータ量は膨らみ、地球上のはるか彼方にあるデー

米国の音声認識スピーカー販売量

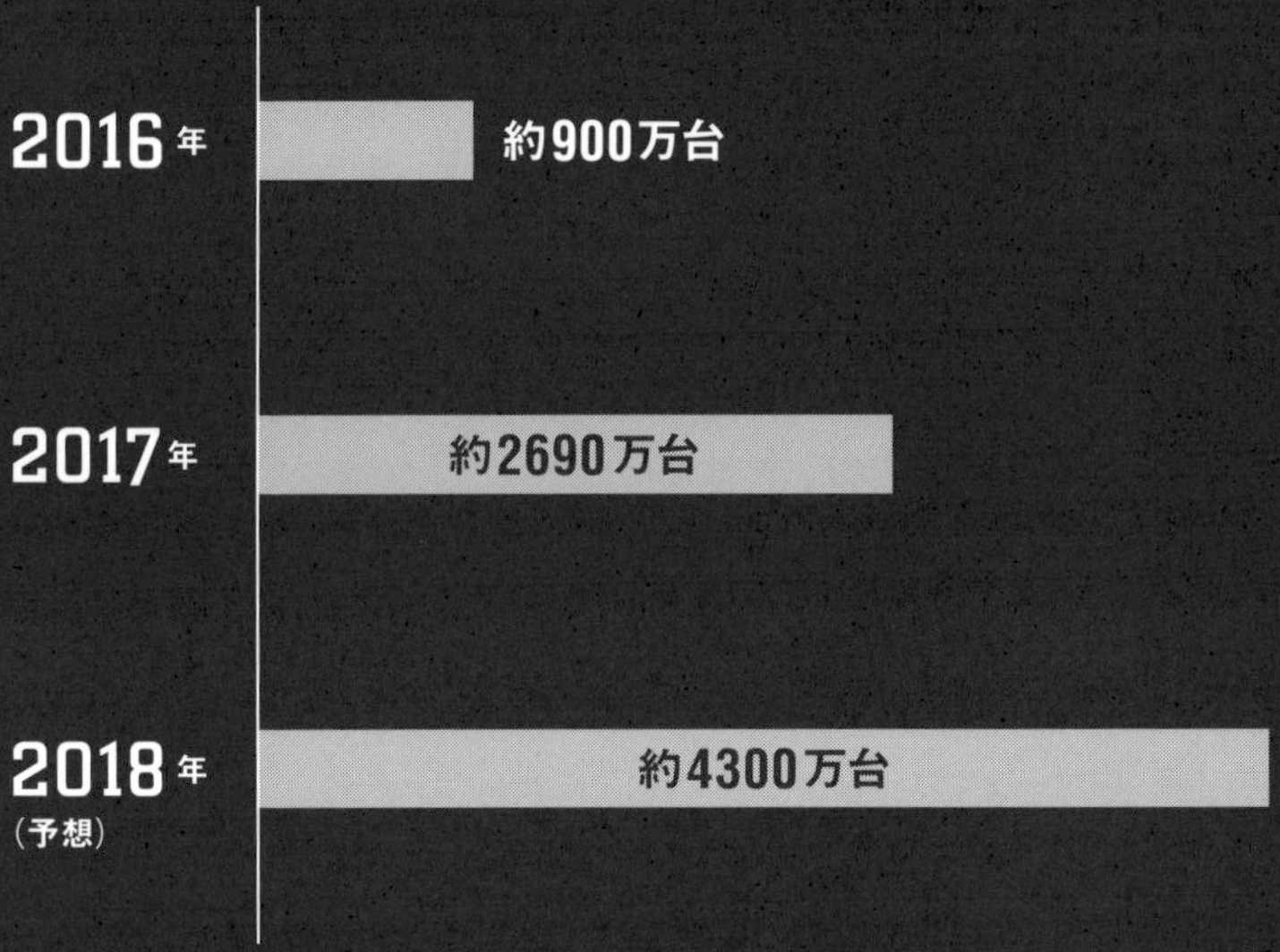

タセンターで動いているＡＩが学習しつづける。結果として音声認識の正確性は劇的に高まるという循環に入るのだ。

すでにアマゾンは、エコーでの大きな課題を解決している。しゃべっている個人が誰なのか特定することである。これは声紋を照合することで可能になる。

「アマゾンエコー」は現在、米国では３０００万台を超える大ヒット商品となっているが、当初思わぬ脆弱性も潜んでいた。個人を識別できなかったのだ。そのため、子供が親にねだったオモチャを、アマゾンエコーが間違って認識して、品物が届いてしまったという笑い話のような事件も起きた。ペットのオウムが飼い主の女性の話し方を真似て注文した珍事も発生していた。

近い将来、音声認識は製品を買い替えることはしなくても、勝手に学習をして精度を上げるようになる。「お客様のため」を標榜するテクノロジー会社にとっては、絶好の機会だ。

テクノロジー面でもファッション業界を根幹から変える可能性

プラットフォーマーの章で言及したが、アマゾンはファッションジャンルでも、ITの活用と巨大な物流網で、すでに従来の小売業者では太刀打ちできないビジネスモデルを構築している。アマゾンはそれに加えて、テクノロジー面からも強力な武器を手に入れようとしている。

それは、米国で2017年5月に出荷が始まった音声認識端末「エコールック」だ。「アマゾンエコー」から派生したもので、用途をファッションに特化した商品だ。

エコールックとは、簡単にいうとカメラである。4種類のLEDフラッシュ機能などを搭載したカメラで自分の写真や動画を撮影できる。画像投稿SNSの「インスタグラム」にも簡単にシェアできるようになっており、声で操作できるので手をふさぐことなく、ポージングできる。

もちろん、撮るだけではない。専用の「Ｓｔｙｌｅ Ｃｈｅｃｋ」というアプリを使いふたつの写真を選ぶと、どちらがよいか判断してくれる。身体へのフィット感、色や組み合わせのルール、流行といったデータに基づき、75％対25％などとどちらが似合っているか表示される。

ただ、正直な意見としては、今のところ主な機能は、インスタグラムとどっちがいいかくらいだが、ＡＩの自動学習により、これも将来魔法の機械になる可能性が高い。

全世界のデータを元に、たとえば、「この服でいい？」と聞いたときに、ファッションアドバイスをしてくれるようになる可能性がある。もしかしたら、今着ているトップスの下にどんなパンツがいいか教えてと聞くと、自分のワードローブの中のアイテムから選んでくれるようになるかもしれない。

スタイルチェックの判断とは別に、自分自身はどちらが好きかも登録できる。そういう情報を加えていくことで、より精度も高くなる。データはアマゾンのクラウドに送られており、これらを使い、おすすめのファッションまで提案してくれるだろう。

このエコールックを通じて、アマゾンが特に意識しているのがオリジナルブランドの拡販だろう。

ファストファッションのシェアもテクノロジーで根こそぎ奪う

アマゾンは独自ブランドを持っている。日本では知名度は高くない。「Franklin & Freeman」「James & Erin」など一見してアマゾンのブランドとは想定できないネーミングになっている。アマゾンブランドが扱うのは、もちろん紳士靴やスーツ、ワンピースやスカート、子ども向け衣料などのすべてのジャンルである。最近では自社ブランドのスポーツウェアの生産も検討しているようだ。そして、切り崩そうとしているのは、価格帯から、GAPやH&Mなどファストファッションの市場だ。

たとえば、スーツは150ドル、紳士靴は30ドル、ワンピースも10ドル台からと安い製品を揃えている。従来のファストファッション各社の競争は激化しているものの、ネット戦略に強いとはいいがたい。自社ブランドでも、アマゾンはネット販売や「エコー」が集積するデータの活用でファッション業界の覇権を握る可能性はある。

ECサイトでのアパレル各社も、顧客の販売履歴を持っている。いつ誰が何を買ったかは把握できるのだが、アマゾンはエコールックを通じて、この情報に、「買った服がどの程度着られているか」、「どのような組み合わせで着られているか」を把握することも可能になったのだ。

これはアマゾンだけが知りうる情報であり、アマゾンの顧客への着こなし提案も精緻化されるだろうし、商品展開などマーケティング戦略でも他社と一線を画すことになるのは間違いないだろう。

対面でしか販売できないと思われていたファッションにおいても、今までのアパレル企業では手にできない顧客の情報を握るなど、アマゾンはこれまでにない手法で事業を拡大しているのだ。

アマゾンの未来構想を知れば世界の未来がわかる

「ラストワンマイル」の整備が物流の大きな課題だと述べた。アマゾンがこれまで築いた独自の配送網を紹介してきたが、その先には無人配送も見据えているだろう。ここからは、今アマゾンが何をしようとしているか、未来の構想を見ていこう。

将来、アマゾンが構想しているのは「空飛ぶ宅配」だ。ドローン（小型無人飛行機）を飛ばして、商品を届ける宅配「プライムエアー」の実用化を急いでいる。

計画では、総重量25キロ未満のドローンを高度120メートル以下で飛ばし、重さ約2・3キロまでの商品を30分以内に配送する。

アマゾンは、現在「プライムナウ」の1時間での配達が最速だ。もしドローン宅配が実現すれば、この1時間を切ることも可能になるかもしれない。

5年前の2013年12月にこのプランは米国で発表された。当時はクリスマスシーズンでもあり、多くの消費者には夢物語のように受けとめられていただろう。だが、今では、アマゾンの箱を抱えたドローンが荷物を目の前で降ろして、再び飛び立つ光景が、現実味を帯びてきている。

2017年3月、アマゾンはカリフォルニアでのカンファレンスで、このデモを披露した。YouTubeで動画も公開されたが、4つの回転翼を用いたドローンが芝生の上に敷かれたシートに着地。アマゾンのロゴ入り段ボール箱を下ろし、離陸する様子が映されている。このドローンは、もちろんアマゾンが開発したものだ。完全自律飛行したと現地の報道は伝えている。

実用化で先行するのはアメリカではなくイギリスだ。なぜアメリカではないのかというと、後述する規制の問題がイギリスだとクリアできるからだろう。アメリカでのデモより早い、2016年7月に英国政府から試験飛行の認可を受け、12月にはケンブリッジ周辺で初めて民間テストを実施した。

ドローン専用の配送倉庫の中では、まず人の手でアマゾンの段ボールに詰められた注文品が、ドローン内部のボックスの中に収められる。そして、ドローンがベルトコンベヤーの上を移動し、GPSの情報をもとに、顧客の家の方角へと飛び立っていく。この行程がわずか13分というのだ。大半の消費者にとっては、家を出てお店に買いに行くよりも、はるかに速く商品を手にできる。

気になるのはそのコストだ。秘密主義を貫くアマゾンは当然ながら詳細を公表していない。ドローンを使うとなればさぞかかるのかと思うが、なんと1回あたりの配送コストは2セント程度という専門家の試算もある。

ドローンはバッテリーで飛行するのだが、その充電代などごくわずかだ。また、機体購入のコストは、メンテナンス料も含んで1回の配達当たり1セント程度まで抑えられるそうだ。大体、1日当たりで約1ドルの費用で済むという。

開発に費用がかかり本体の価格が大幅に上がることを前提としても、トータルで1ドル内での配送が可能らしい。人間が運ぶ陸運よりも安くなる。

地上での宅配に比べて、初期投資がかからず無人配送のため人件費も抑えられ、運営の費用も減らせる。現在、「プライムナウ」は、注文から1時間以内の配送料金は日本では890円、米国では8ドル程度である。これをそのまま適応すれば、配送料で利益すら得られる。

ドローン専用の基地は空に作る

さて、ドローンを飛ばすには、当然のことながら、ドローン専用の基地が必要だ。アマゾンはすでにそれも構想している。なんとアマゾンは倉庫も空に飛ばそうとしているのだ。母艦のようにするらしい。

アマゾンの物流倉庫は郊外に立地している場合が多く、そこからドローンを都市に飛ばすには遠すぎる懸念があるからだ。「空飛ぶ倉庫」により、ドローンを都市に配備し、顧客までの距離を縮める狙いだ。

この空飛ぶ倉庫は、ヘリウムガスを使った全長100メートルの飛行船であり、数百トンの品物を積載する計画だ。旅客機との衝突を避けるために、飛行機が飛ぶより高い約1万4000メートルの上空に浮かべるという。

ドローンは空飛ぶ倉庫から品物をピックアップし、配送した後は上空の倉庫には戻らずに、地上の拠点に向かう。単なる構想にしては非常に細かい計画だ。それもそのはず、なんとアマゾンはすでに米国でこの構想を特許出願しているのだ。これが夢物語の眉唾に聞こえないところがアマゾンの恐ろしさだ。

ドローンの基地については、この空飛ぶ倉庫の構想だけでなく、蜂の巣型の「ドローンビル」のアイデアもあるらしい。

これは、都市の中心部に多数の窓を設けた筒状の建物を建設し、そこを商品の倉庫にする。その窓から無数のドローンが発着陸できるようにする「蜂の巣」のような基地を作る。人口が密集した都市の中心部に拠点を設けることで飛行距離を短くし、飛行の音も小さくして、人の頭の上に落ちてくる危険を減らすために考えられたものだという。「空飛ぶ倉庫」同様に、この案も特許を申請している。

まさかと思われるかもしれない。しかし、アメリカには一戸建ての住宅が整然とならんでいる住宅地が多数存在する。地域にもよるが、比較的治安が良いところが多い。そのため、いまでも配送業者は住人が不在であれば、品物を玄関に置いて帰っているのだ。ドローンは発注から10分後に上空から到着し、前庭に品物をおいて、「ただいまお届けしました」と自動メールを送ってくるはずだ。

夢が広がるドローン宅配だが壁もある。法規制だ。日本やアメリカには、商用ドローンを飛ばすのは操縦者が「目視できる範囲内」という規定がある。だが、常に操縦者が必要ではビジネスにならない。ドローン宅配の開発は完全に自動化するためなのだ。

時代に伴い、規制は緩和される方向で、日米いずれも「目視外」での飛行を可能にすることを検討している。

日本政府は、2018年にドローンを使った離島などでの荷物配送、2020年代には都市部でも配送する目標を掲げている。アメリカでも規制が緩み、2021年にもドローン配送が本格的に始まるとの見方が強い。

しかし、世論の問題もある。米国郵政公社が2016年12月に米国の消費者1200人以上を対象にしたアンケートでは、配送ドローンが安全と考えていたのは3割にとどまっている。

その世論も時間の問題だろう。この本を書いている最中にDJI社のMavicAirというドローンを買った。実際に試してみるとセンサーは前後上下左右を常に見張っていて、室内でも人間や壁にぶち当たることはなかった。

米連邦航空局（FAA）のまとめでは、商用のドローンは2016年末の4万2000機から2021年には44万2000機へ増えると予想する。最大160万機に達する可能性もあるとしている。さらに2016年末時点で2万人だった操縦者数は、2021年にその10倍から20倍に増える見通しだ。

この予測は、現在の規則に基づいての試算であり、規制緩和がされれば、相当な上積みが見込めるだろう。アマゾンは、規制が緩和されるということを見据えて、「空飛ぶ宅配便」の実証実験を重ねているというわけだ。

当然、商売上手なアマゾンは、ドローンでただ商品を配送するだけで満足するわけがない。

たとえば、ドローンが配達先の家を録画し、その映像を使って顧客に必要と思われるサービスを提案するということが考えられる。家の外壁が古かったら、リフォームの提案をするだろうし、自動車が古かったら新車の提案がされるかもしれない。Tシャツの洗濯物の映像から、それに似合うズボンをオススメされるかもしれない。

これは決して荒唐無稽な話ではないのだ。この構想もアマゾンは2017年の7月に米国で特許申請している。

アマゾンに見張られているようで気味が悪いと思うかもしれないが、それは杞憂に終わるだろう。アマゾン経済圏が拡大する今日では、ドローンに見張られずとも、すでに我々の動きはアマゾンに筒抜けなのであるから。

なぜ、AIが未来を作るのか

アマゾンエコーやドローンなど、アマゾンは最先端の技術を自社の商品としてだけでなく、流通の整備や新しいプラットフォームとしてさまざまな形で使用しているのを見てきた。

ここからは、アマゾンのAIの未来を見ていこう。

その前に、AIとは何かの定義をふり返る。

AIとは、「人工知能」（アーティフィシャル・インテリジェンス）の略である。この言葉を日常で聞くようになって久しい。AIブームは過去にもあったが、現在のAIブームを牽引しているのは機械自身による学習だ。コンピューター自身に自然現象やゲーム、商取引などの規則性や特徴、最適解を見いださせようという仕組みだ。

人間の脳はニューロンという神経細胞の回路網でできている。それと同じ神経回路網のようなものをプログラムで作って学習させれば、コンピューターで知的なことができる、という考えがベースになっている。

iPhoneの音声アシスタントSiri（シリ）や、将棋で史上初めて名人に勝利したポナンザも機械学習の成果による。

機械学習が可能になったのはコンピューターの処理能力の向上もあるが、自ら「特《とく》徴量《ちょうりょう》」と呼ばれるものを決められるようになったことに尽きる。

たとえば、コンビニのおでんの売上を分析するとしよう。誰かがおでんの売上は、気温と密接な関わりがあるのではないかと考えたら、その条件を人間が指定して分析していた。

しかし、本当は湿度や曜日など別の条件が影響を与えているかもしれない。複合的な条件かもしれない。従来のやり方ではコンピューターはこの分析するべき項目を自分で作り出すことはできなかった。この「気温かもしれないし湿度や曜日かもしれないし」という可能性を「特徴量」という。

そうした中、2012年にカナダのトロント大学が、画像認識コンテストで驚異的な点数を叩き出す。深層学習によって、コンピューター自ら「特徴量」を自動的に醸成することで高い精度を実現した。このことにより、AIは機械学習の世界に突入した。

同年にはグーグルが機械学習を使って、人間が教えることなくコンピューターに「猫とはどんな姿か」を理解させることに成功した。ちなみに、この実現のために1000台のコンピューターをつなげて、1000万枚の画像を3日間読み取らせた。

AIの研究が始まったのがたった50年前だ。コンピューターが自ら変数を決めるためには膨大な計算が必要になるとはいえ、これまでになかった、革新的な別の世界の扉が開きつつあるのは間違いがないだろう。

2017年4月、ジェフ・ベゾスは株主への手紙で、人工知能（AI）や機械学習を含めた投資を引き続き重視すると述べた。2017年のアマゾン全体の研究開発投資額は226億ドル。これは、同じ年のマイクロソフトやアップルの2倍の金額だ。その多くがAIに投じられているだろう。

アマゾンはAIを利用したネットワークに多くの年月と費用をかけてきた。それは、主に自社のオンライン販売のシステムを支えるためと、アマゾンに巨額の金を生み出す「AWS」のシステムとして外販していることも大きい。

注目するのは自動運転

自動運転が開発されれば、物流はまったく変わるだろう。

アマゾンは、自動運転技術の研究を進めており、2016年の初頭に自動運転に特化したチームを社内に創設した。チームは十数人の社員で構成されている。もちろん、自社の物流のための研究だ。2017年の1月には自律走行車がその時々の状況に合わせて最適な車線を識別できる新しい特許を申請している。

人間には長くても10時間という運転の限界があるが、自動運転車は昼夜を問わず、連続して走行が可能だ。人間のドライバーから自動運転車に代わることで、4日かかる東海岸から西海岸までの米国横断輸送が、わずか1日半で可能になるという。

じつは運送用の車の自動運転は、アマゾンよりもグーグルの親会社のアルファベットが注目を集めている。この分野では、同社は2009年から2015年に約11億ドルを投じて他社に先行している。

報道によると、アマゾンは今のところ自動運転車自体の生産は計画していないという。創設されたチームは、自動運転のトラック、フォークリフト、ドローンの活用方法を検討しているのだ。もし無人走行のトラックや搬送機が実現すればアマゾンの物流網は激変するだろう。

米ゼネラル・モーターズ（ＧＭ）や独自動車大手ＢＭＷなど自動車メーカーはもちろん、アルファベットの子会社ウェイモなども、これまで自家用自動車向けの自動運転技術に力を注いできた。しかし最近は、全体的に個人向けの車よりもトラック向けの無人技術の実用化を急いでいるようだ。道が複雑な都市部よりも、直線が多い高速道路の方が自動運転に向いていることや、トラックの運転手不足が日本のみならず米国などの先進国でも深刻な課題になっているからだ。

もう２０１８年以降には、米英などで商用トラックの公道を使った自動運転技術の実証実験が始まるところまで来ている。自動運転が物流の世界を根底から変える夜明けは近いだろう。

「顔認証機能でもとびぬける」

他にも、アマゾンが注目しているのが、顔認証機能である。

AIの画像認識による顔認証機能はすでに人間の能力を上回っている。精度は「正面からの撮影」などの条件が揃えば99％台で、人の顔の特徴をつかみ、データベースと照合して個人を特定する。ひげやかつら、多少の整形手術はもちろん、一卵性双生児の違いすらも見破る。

AWSを使う日本の企業の中には、画像認識機能を使って、幼稚園や保育園でのイベントなどのスマホの写真から「自分の子どもが映った写真」だけを選んで抽出できるサービスを提供する会社もある。

静止画だけでなく、音声や映像など複数の情報が組み合わさったものから判断できれば用途はさらに広がる。交通違反の取り締まりや、防犯に使えるだろう。

マーケティングにも使える。表情を分析して、店舗内の商品陳列に対する顧客の評価測定などに活用できるのだ。そんな細かいことまで？　と思うかもしれないが、どのように配置すれば売上が最も高まるかを、顧客の行動をもとに分析できることは大きい。実店舗の運営に進出するアマゾンはこの分野の開発を強化しているはずだ。

実際、２０１７年11月にネット上の動画や保存した動画を分析し、特定の動きや人の顔を認識することができる機能をＡＷＳの顧客向けに提供し始めている。

翻訳システムは、まず自社用に開発

翻訳システムも今後重要性が増すだろう。この分野はグーグルが有名で、ネット上で使ったことがある人も多いかもしれない。グーグルはＡＩを使うことで、単語の意味を単に訳すのではなく、大量のデータを収集、処理して自然な流れの文章に訳せるようになった。

アマゾンは、グーグルとは違って、作るのはまず自社用である。

機械翻訳技術を開発して、商品情報を複数の言語に翻訳することに使っているのだ。「いきなり外に売る」ではなく、「小売りを強くさせるために技術開発をする」アマゾンの流儀がここでも見られる。

こちらも動画認識機能と同様に、２０１７年11月に複数の人の声を英語や中国語、フランス語などに変換することが可能になる機能をＡＷＳに追加している。

ＡＩ人材の争奪が行われている

このように、ＡＩブームのさなかで過熱しているのが、人材の争奪戦だ。若手だけでなく、スタンフォード大学のスタンフォード人工知能研究所の所長などトップクラスの研究者もこぞってグーグルやアマゾン、フェイスブックに移籍している。

研究者の引き抜きもあり、ハイテク企業は、これまで紹介したＡＩを活用したサービスを次々と具現化している。

カーネギーメロン大学コンピューター科学部大学院の学長は、ＡＩ分野を専攻する1人の学生は、企業に500万〜1000万ドルの利益をもたらす可能性があると話している。

各企業による、コンピューター科学の博士号を新たに取得した人たちの争奪戦はすさまじく、ＩＴ業界に就職した人たちの割合は過去10年で38％から57％に増えた。ＡＩの研究者はＩＴ企業で働けば、大金を得られる可能性が現在最も高いだろう。ストックオプションなども付与されるだろうし、そもそもの年収にも差がある。

大学で働くコンピューター分野の博士号取得者の2014年の年間給与中央値は5万5000ドルであるのに対して、IT業界の研究所で働く博士号取得者の場合は11万ドルと約2倍だ。★[8]

一方で、人工知能を核とする第4次産業革命により、働く人の椅子の数は確実に減っているし、これからも減っていくだろう。

アメリカどころか世界をけん引するビッグ5だが、2017年7月時点での雇用者数は合計で約66万人だ。ちなみに小売最大手のウォルマート・ストアーズは約230万人だ。『日本経済新聞』によると、10年前の2007年末に時価総額トップ5社(石油会社のエクソンモービル、ゼネラル・エレクトリック、マイクロソフト、金融機関のシティグループ、通信大手のAT&T)の従業員数は計109万人だった。テクノロジーの進展で働く人の数は昔ほどいらなくなっているのだ。

とはいえ、ビッグ5の中でもアマゾンは雇用を拡大している。全世界の従業員は10年前の1万4000人から2017年7月には34万人に増えている。これは東京都新宿区や群馬県前橋市の人口とほぼ同じだ。日本の企業で最も従業員の多いトヨタ自動車(約37万人)より1割程度少ない規模でもある。

アマゾンは、２０１７年1月には今後1年半の間に米国で10万人の常勤の従業員を採用する計画を明らかにしている。２０１８年6月現在、ホールフーズの買収もあり、従業員数は56万人まで拡大。アイスランドの人口を超える規模にまで膨らんでいる。

最大の雇用源は、商品出荷を担う物流倉庫で新規雇用はテキサス、カリフォルニア、フロリダ、ニュージャージー各州の倉庫が中心だ。アマゾンは２０１６年10－12月期だけでも新たに20カ所以上に倉庫を建設し、世界全体で現在約１５０カ所に倉庫を持つ。

10万人とは別に、ソフトウェア開発などに携わる従業員を最大で5万人雇用する計画もある。２０１７年9月に北米に第2の本社を建設するという壮大な計画に伴うものだ。

アマゾンは、第2の本社の候補地として、人口１００万人以上の大都市の周辺で、有力大学が近くにあり、国際空港まで45分以内で行けることを望ましいとしている。具体的な建設地は２０１８年内に決める予定だが、すでに、シカゴ、ダラス、デンバー、フィラデルフィア、ピッツバーグ、サンディエゴ、トロントなどの自治体による激しい誘致合戦が繰り広げられている。

自治体にとっては優良企業の誘致は経済効果につながるため、非常に大きな意味を持つだろう。アマゾンはシアトルの中で本社を市中心部に移したが、移転した2010年から2016年までに380億ドルの投資を地元に呼び込んでいる。

事業拡大に伴う開発工事が進み、すでにシアトルにあるアマゾン本社には33棟のビルが立ち並ぶ。本社のビル群だけで、面積は75万平方メートル。これは東京ドーム16個分だ。また、通りに面した場所にレストランやコーヒー店など地元企業をテナントとして招き入れ、その商売も支援しているという。

ちなみに、シアトルにはマイクロソフトがあり、もちろん私も何度も行ったが、その頃から街の姿は激変している。街中がすべて綺麗なビルになり、たとえて言うならば、まるで歌舞伎町を含む新宿全体が、すべて丸の内のビル群になっているような感じである。

シアトルに住む人も増えたため、新しいマンションが建ち続けても供給が需要に追いつかないほどだ。シアトルの住宅価格は年平均10％上昇し、平均所得くらいの世帯では市内に家を所有するのが難しくなったという。増えたのが長距離通勤者だ。家賃が払えず、ホームレスになった者もいるという話もちらほら聞こえてくる。

余談だが、アマゾンは変わった支援活動もしている。現本社の敷地内の一画を、ホームレスの宿泊施設として提供する予定だ。約200人が利用できる65室の宿泊施設とする方針で2020年初めに開業予定だ。地域社会との共生も意識している。アマゾンのもたらした経済効果でホームレスになる者がいて、アマゾンがホームレス向けの施設を設けるとは何とも皮肉な話である。

★［8］『ウォールストリート・ジャーナル』2016年11月25日

amazon

chapter

#09

アマゾンという組織

「協調は必要とせず、個のアイデアが優先される組織であれ」

アマゾン創業者のジェフ・ベゾスの組織観がうかがえるエピソードがある。研修の際に、数人のマネージャーが従業員はもっと相互にコミュニケーションを取るべきだと提案したところ、ベゾスが立ち上がり、「コミュニケーションは最悪だ」と力説したという。**ベゾスにとって、コミュニケーションを必要とする組織は、きちんと機能していないという証拠でしかないというのだ。**

ベゾスが求めるのは、協調などするよりは個のアイデアが優先される組織である。つまり、権力が分散され、さらにいえば組織としてまとまりがない企業が理想だという。たとえば、AWSを開発している部署はアマゾンゴーには興味がない。それがいいというのだ。

その意味では、ローマ帝国のように勢力を広げていく、一見、何の事業会社か説明が難しいアマゾンはベゾスの理想をまさに体現しているといえよう。

失敗を繰り返して ヒットを作るという経営方針

ベゾスは、理系のトップらしいところが出ているように思う。たとえば、経営数値にあまりとらわれないところだ。公認会計士など、文系の人間は、今期の決算の数字を見るようにトレーニングされているが、理系は後付けでしか勉強していないから、自分のやりたいことをやる。キャッシュフロー経営などは、そこから生まれているのではないか。

当然のことながら、AIなどテクノロジーへの感性も理系の方がある。たとえば、理系には実験がつきものだ。実験したら失敗することがあることを、経験的に知っている。アマゾンは、よくベータ版を作ってテストをする。これは、まさにプログラミングの原理と一緒だ。コンピューターのプログラムは、とりあえずサブシステムという各部品のベータ版を作る。これと同じく、アマゾンは、あらゆるジャンルで中途半端でいいから出し、Plan Do Seeをよくしているといえる。計画、実行、評価を繰り返す企業である。

たとえば、ベゾスとアップルのスティーブ・ジョブズとの違いは、そのまま会社のカラーに当てはまる。ベゾスは物理学者なので、ものごとの構造や作り方を知っている。アマゾンの経営にも、ネットを使ったテクノロジー会社を作りたいという気持ちが表れている。

ジョブズは夢追い人であり、デザイナーだ。アップルも言ってしまえば「かっこいい」から始めた。そんなアップルは、ＧＡＦＡの中でもハードウェアを作る能力が最も高い。

ベゾスは、理念の追求に本当に貪欲だ。

「全ては顧客のために」を御旗《みはた》に、無駄を徹底的に省く。幹部でも飛行機のビジネスクラスは禁止。とはいえ、働きに対する報酬はケチることはなく、日本では30代後半から40代後半の部長職ならば、年収は２０００万円前後だという。

また、企画会議では、６ページにまとめられたプレスリリースを模した資料を用意するらしい。それを、出席者が最初の20分をかけて読むことから始まる。パワーポイントなどスライドは使わない。

これは、最初からプレスリリースの形にすることで、プロジェクトの完成形を作り上げ、さらに顧客目線を意識させる狙いらしいが、会議の冒頭で、出席者が資料を読むために20分間の沈黙を続けるというのはなかなか聞いたことがない。

金融業界の経験があるベゾスが立ち上げた会社らしく、数字に徹底的にこだわる社風でも知られる。アマゾンはＫＰＩ（Key Performance Indicator＝重要業績指標）至上主義とも言われる。月、週、日などの期間を決めて、業務内容によって細かく設定された目標を達成したかどうかをチェックしていくのだ。たとえば小売業ならば、来店客数や客単価などの目標を定めていく。しかし、アマゾンのＫＰＩはもっと極端に細分化して管理しているという。

システムの稼働状況はもちろん、顧客からアクセス数、コンバージョンレート、新規顧客率、マーケットプレイス比率、不良資産率、在庫欠品率、配送ミスや不良品率、１単位の出荷にかかった時間などに細分化されている。それぞれの管理担当者に、地域ごと、倉庫ごと、システムごとに割り当てられているという。

このＫＰＩの数値をもとにアマゾンでは毎週地域単位、グローバル単位で会議が開かれる。その会議では具体的な向上策のみを話すと言われている。各ＫＰＩには責任者がいて人事考課などにも大きく影響する。恐ろしいのは、このKPIの目標管理を0・01％単位（通常は0・1％単位）でしていることだ。なぜ目標を達成でき、あるいはできていないかを考え、日々の取り組みの改善につなげる。日本では楽天がこれを真似たが3カ月くらいで自然消滅したとか。

これも、とりあえずベータ版を作り、実際に動かしてみて、改善点を見つけ出して、プログラムを修正するというプログラマーの手法と一緒だ。そのうえで、すべてのいいところを合体させて最終製品にするのだ。プログラマー出身のベゾスの面目躍如の経営手法だ。

「アマゾンが巨大帝国になるまで」

今や巨大帝国となったアマゾンだが、ここで、アマゾンの歴史を少しふり返ってみよう。

創業者のジェフ・ベゾスは、ニューメキシコ生まれ。プリンストン大学で電子工学とコンピューター・サイエンスを専攻して、先物取引などを専門とする金融機関で、年金基金向けの情報システムを開発した。

その後、ヘッジファンドに転じてここでもシステムを開発、副社長になるが、ネットビジネスの将来性を信じ独立する。ベゾスはよく「金融業界からＩＴ業界に転じた」と経歴を語られるが、金融の実務を担当していたわけでなく、システムやネットワーク構築のエンジニア出身だ。

１９９４年にインターネット書店を起業し、翌年7月16日に「amazon.com」のサイトを立ち上げる。取り扱ったのは書籍がスタートだが、ベゾスは起業時から「何でも販売するサイト」を目指していた。書籍を扱ったのは、ただ腐らないからである。また、ネットで書籍を販売するサイトも史上初だった。

1日当たりの注文件数は当初は5、6件だったが、ネットの隆盛の時期にぴったり重なり、あっという間に大きくなる。10月までには1日100冊に達し、それから1年も経たない間に、1時間での注文件数が100冊に達した。

アマゾンの社名は世界最大の河川であるアマゾン川に由来するが、決まるまでには紆余曲折があった。

ベゾスは当初、呪文のような響きを持つ「Cadabra（カダブラ）」という名前を社名に使おうと考えていた。だが、アマゾンの最初の弁護士であるトッド・タルバートが「Cadabraの発音は解剖用の死体を意味するCadaver（カダバー）に似ている。電話越しに言われた場合には判別が付きにくく、印象が良くない」と反対し、ベゾスを説得した。

もうひとつの案が、「Relentless.com」。ベゾスは英単語で「情け容赦ない」を意味する「Relentless（リレントレス）」という単語を非常に好んでいたからだ。ちょっと恐い。しかし、ベゾスは本当にこの言葉が好きなようだ。

試しに、インターネットでRelentless.comと打ち込んで、アクセスしてほしい。怪しげなサイトにつながりはしないので安心してよい。何とamazon.comにつながるのだ（2018年7月現在）。いくら、「Relentless」が好きとは言え、いまだにドメインを保有しているとは、よほどこだわりがあるのだろう。

ベゾスはアップルの故スティーブ・ジョブズやフェイスブックの創業者のマーク・ザッカーバーグ、テスラモーターズ最高経営責任者のイーロン・マスクなどに比べると日本では馴染みがないかもしれない。

果たしてどのような人物なのか。『ジェフ・ベゾス　果てなき野望』（日経BP社）を読むと、彼の一面をうかがい知ることができる。

部下には長時間労働や、週末の休みを返上して働くのを強いるのは当たり前。有能でなければズタボロに捨てられ、有能な人物ならもうダメというところまで働かされる。日本のブラック企業が生ぬるく見える過酷さだ。

ちなみに、求める人材は「どのような課題を与えられても、さっと動いて大きなことをやり遂げられる人物」とか。そのような有能な人物は自ら起業してしまうのではないかと思ってしまうが。

会議の席でベゾスの意に沿わないと当然ながら罵倒される。「オレの人生を無駄使いするとはどういう了見だ?」と言うらしい。いちいち恐い。別のミーティングでは

「そんなに頭が悪いのなら、一週間ほど考えて少しはわかるようになってから出直してこい、と罵ったことがあった」とも。

怒りが爆発した時はすさまじく、怒る時には感情を抑えることができなくなるため、感情を制御するために専門のコーチを雇っているとの噂もあるほどだ。

同書は、ベゾスの恐怖政治の側面や勤労環境の厳しさを浮き彫りにしているが、ベゾスは著者に社内の取材の許可を出している。当然、取材すればベゾス本人や会社の評判にマイナスになる情報が出てくることは理解しているだろうから、じつは懐が深い人物なのかもしれない。

おわりに

本書を書くきっかけは、２０１６年10月に書店へ向けて行った講演だった。アマゾンとは何者なのか、書籍販売における強みとは何か、利益の源泉であるＡＷＳのことなど、爆発的な拡大を続けるアマゾンのことを話した。

なぜアマゾンだったのか。

「はじめに」でも書いたが、アマゾンは経営学の革命だ。近い将来、必ず経営学の教科書に載るだろう。

アマゾンは、これからも増殖し続け、ありとあらゆる業界に手を伸ばし、影響を広げていくだろう。ビッグバンのように拡大するアマゾンのことを、ジェフ・ベゾスすらも捉えられなくなっているのではないか。私はアマゾンの専門家ではないが、あまりにも全世界規模でスケールが広がりすぎているこの状況を、今、誰かがまとめなければいけないと思い、筆を執った。

「ゴー」や「ダッシュ」など、個々の新しいサービスについて、アマゾンは日々ニュースになる。しかし、今やその背後にある仕掛けが大きく、複雑になりすぎて、アマゾンの全貌を理解することが難しくなっている。

我々の生活が劇的に変わる裏側に、テクノロジーの塊である、この企業の存在があることを、もっと多くの人が理解しなければならない。アマゾンという企業について、経営者やコンサルタントなど、経営学のプロフェッショナルだけが知っていればいいという段階ではなくなったのだ。

それゆえこの本は、かなりわかりやすく、広く一般向けに書いたつもりでいる。アマゾンのことを知らないでいると、いつの間にか隔絶した世界に取り残されているかもしれない。

アマゾンの作る「帝国」が、将来的にどんな存在となるか考えてみよう。アマゾンのプライム会員は現時点で、アメリカで8500万人、日本で600万人おり、今後も増えていくと予想されている。その他アジアやヨーロッパも含めると、全世界で1億人を超える。ほぼ国家規模の人口である。

他の世界的ネットサービスと比べると、インスタグラムのユーザー数は10億人、フェイスブックは22億人であり、1億という数字は少なく感じるかもしれない。

しかし、アマゾンのプライム会員は、3900~1万円の年会費を支払うロイヤルティを持ち、「リアルとネットの横断」を当たり前として享受しているコアユーザーたちだ。それが1億人いるという事実は、デジタルで完結している他のサービスと単純に比較できない重みを持つ。

これらの人々に対して、アマゾンは新しいサービスを提供し続け、あらゆる業種の常識を塗り替えていくだろう。

すでにアマゾンは、リアルで行われていた買い物、つまり、食品や日用品を取り扱う小売の常識を変えた。

アマゾンカードは、クレジットカード会社へ支払っていた手数料の常識を変えた。

アマゾンは小売事業者への融資の常識も変えた。今後は銀行をつくり、金融の常識も変えるだろう。

そして、アマゾン最大の強みである物流は、リアルとネットの境目を失くし、国と国の境目すらあいまいにしつつある。

すべてを押さえた時、立ち向かえる企業は存在せず、国家という枠組みでも捉えきれない存在になるだろう。

アマゾンの帝国は国家を超えて、社会を飲み込み、規定する。だから今、われわれはアマゾンを知らねばならないのだ。

今回、編集では中野亜海さんにお世話になった。彼女は普段、女性向けのメイクや洋服の着まわし術といった本を作り、重版を叩き出す敏腕編集者だ。良いものを作るためには、徹底的にこだわる彼女なら、本書もすばらしい本にしてくれるだろうと、お願いした。

構成は、ＨＯＮＺでもお世話になっている、栗下直也さんにお願いした。お世話になっているというか、酒の席では逆のような気もするが、さすが産業専門紙の記者だ。誰にでも読みやすく、しかし、数字やデータにしっかりと基づいた構成にしてくれた。

本書は、他にも陰ながら支えてくれた人たちあってこその、新しいプロジェクトだったと思う。みんなまとめて感謝いたします。

2018年7月

成毛眞

［本書では、発表資料などを除き、便宜上1ドル＝100円、1ポンド＝180円、1ユーロ＝130円として表記しています。］

2017年5月15日「アマゾン上場20年、投資家は稼げたのか?」

『通販新聞』
2016年11月10日付6ページ「アマゾンジャパン プライムマーク、出店者に開放
『マケプレプライム』配送レベル高い事業者限定で」
2017年2月16日付6ページ 「交差点 アマゾンのID決済の可能性 ECだけでなく店舗にも?
『アマゾンゴー』を日本でも」

『日経ビジネス』
2000年7月3日号「ケーススタディ アマゾンドット・コム」
2016年12月26日-2017年1月2日号「企業研究 アマゾン・ウェブ・サービス」
2017年10月2日号「特集-アマゾン ベゾスに見える未来」

『日本経済新聞』2017年7月15日朝刊9ページ「ニューモノポリー米ITビッグ5(下)
置き去りの労働者」
『日本経済新聞 電子版』2017年11月25日「アマゾン、クラウドでも存在感 導入企業4年で5倍」
『ニューズウイーク日本版』2017年9月5日号「特集:王者アマゾン次の一手」
『一橋ビジネスレビュー 2017年SPR.』「デジタル技術の進歩がもたらした産業変化」
『ワンクリック―ジェフ・ベゾス率いるAMAZONの隆盛』(リチャード・ブラント、日経BP)

WEB

『ビジネス+IT』「大胆推定!アマゾンとマイクロソフトのクラウド向けサーバ保有数はこれだ」
https://www.sbbit.jp/article/cont1/32635
『BIOGOS』「【緊急投稿】、アマゾンがホールフーズを買収した理由にホールフーズ身売りの理由とは?」
blogos.com/article/229788/
『東洋経済オンライン』「アマゾン、最強『買い物帝国』の知られざる姿」
https://toyokeizai.net/articles/-/107279
『ニューズウイーク日本版』「アマゾンのホールフーズ買収は止めるべきか」
https://www.newsweekjapan.jp/stories/world/2017/06/post-7845.php

『TeXas Monthly』「THE SHELF LIFE OF JOHN MACKEY」
https://features.texasmonthly.com/editorial/shelf-life-john-mackey/
『Forbes』「Amazon's Wholesale Slaughter: Jeff Bezos' $8 Trillion B2B Bet」
https://www.forbes.com/sites/clareoconnor/2014/05/07/amazons-wholesale-slaughter-jeff-bezos-8-trillion-b2b-bet/#2acd83c227be

参考文献

新聞・雑誌・書籍

『朝日新聞』 2017年3月28日付朝刊8ページ
「企業のひらめき　素早く実現 アマゾンの稼ぎ頭、クラウド事業」
『アマゾンと物流大戦争』（角井亮一、NHK出版）
『ウォール・ストリート・ジャーナル日本版』
2011年10月26日付 「アマゾン、浪費癖が利益をむしばむ」
2013年11月14日付 「クラウド事業に数兆ドルの商機＝アマゾンのAWS部門トップ」

2016年4月8日付 「アマゾン、ファッション感覚磨き従来型店舗に挑む」
2016年9月28日 「アマゾン、輸送事業でUPSやフェデックスに対抗へ」
2016年11月25日付 「AI研究者の引き抜き続々、米大学からIT大手へ」
2017年2月21日付 「アマゾンの巨大な雲、ライバル寄せつけず」
2017年3月9日付 「クラウド後発のグーグル、双璧に挑む」
2017年4月11日付 「クラウド3強の『軍拡競争』、新参者を寄せ付けず」
2017年4月11日付 「アマゾン株1000ドルの目標、達成しても『当然』？」
2017年4月24日付 「アマゾン、自動運転技術の活用へ専門チーム」
2017年6月21日付 「アマゾン、ホールフーズ買収の収穫は『データ』」
2017年9月8日付 「アマゾン第2本社はどこに？　誘致合戦早くも火ぶた」

『ジェフ・ベゾス　果てなき野望』（ブラッド・ストーン、日経BP）
『週刊東洋経済』2017年3月4日号「物流が壊れる」、2017年6月24日号「アマゾン膨張」
『ダイヤモンド・チェーンストア』
2013年10月15日号「アメリカ小売業大全2013」
2014年3月15日号「アマゾン・ドット・コム ずば抜けたキャッシュ創出力」
2015年8月1·15日号「特集 最強ECアマゾン」
2016年6月1日号「月刊アマゾン 第6回汎欧州FBAプログラムをスタート」
2018年1月1日号「特集 アマゾン革命」

『ダウ・ジョーンズ米国企業ニュース』
2016年9月16日「アマゾン、テキサス州の風力発電所に投資」
2017年3月25日 「アマゾン食料品店、将来は利益率5％超えか」
2017年4月5日 「食料品のネット通販、米国は欧州やアジアに出遅れ」
2017年5月8日 「バロンズ拾い読み 利益が急増中
【アマゾン】株価に悪影響を及ぼしかねない理由」

［著者］
成毛 眞（なるけ・まこと）
1955年北海道生まれ。元マイクロソフト代表取締役社長。
中央大学商学部卒業。自動車部品メーカー、株式会社アスキーなどを経て、1986年マイクロソフト株式会社入社。1991年、同社代表取締役社長に就任。2000年に退社後、投資コンサルティング会社「インスパイア」を設立。元スルガ銀行社外取締役。現在は、書評サイト「ＨＯＮＺ」代表も務める。『本棚にもルールがある』（ダイヤモンド社）、『インプットした情報を「お金」に変える　黄金のアウトプット術』（ポプラ新書）、『ＡＩ時代の子育て戦略』（ＳＢ新書）など著書多数。

amazon　世界最先端の戦略がわかる

2018年８月８日　第１刷発行

著　者――成毛 眞
発行所――ダイヤモンド社
〒150-8409　東京都渋谷区神宮前6-12-17
http://www.diamond.co.jp/
電話／03･5778･7234（編集）　03･5778･7240（販売）

アートディレクション―加藤京子（sidekick）
デザイン・図版作成―我妻美幸（sidekick）
構成――――栗下直也
校正――――加藤義廣（小柳商店）
本文DTP――ニッタプリントサービス
製作進行――ダイヤモンド・グラフィック社
印刷――――勇進印刷（本文）・加藤文明社（カバー）
製本――――ブックアート
編集担当――中野亜海

ISBN 978-4-478-10505-4